HÁBITOS DE LA FAMILIA

JUSTIN WHITMEL EARLEY

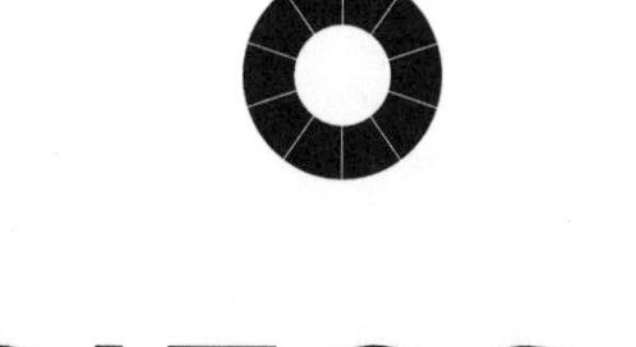

HÁBITOS DE LA FAMILIA

CÓMO PRACTICAR EL EVANGELIO EN LA COTIDIANIDAD

Vida

La misión de Editorial Vida es ser la compañía líder en satisfacer las necesidades de las personas con recursos cuyo contenido glorifique al Señor Jesucristo y promueva principios bíblicos.

HÁBITOS DE LA FAMILIA
Edición en español publicada por
Editorial Vida – 2026
501 Nelson Place, Nashville, Tennessee, 37214, Estados Unidos de América
Editorial Vida es un sello de HarperCollins Christian Publishing, Inc.

Publicado originalmente en EUA bajo el título:
Habits of the Household

Traducción: Cristian Rodrigo Iturralde

HarperCollins Publishers, Macken House, 39/40 Mayor Street Upper, Dublin 1, D01 C9W8, Ireland (https://www.harpercollins.com)

ISBN: 978-0-82977-428-3
eBook: 978-0-82977-429-0
Audio: 978-0-82977-430-6

La información sobre la clasificación de la Biblioteca del Congreso está disponible previa solicitud.
CATEGORÍA: Religión / Vida Cristiana / Crianza
IMPRESO EN ESTADOS UNIDOS DE AMÉRICA
PRINTED IN THE UNITED STATES OF AMERICA

26 27 28 29 30 LBC 5 4 3 2 1

CONTENIDO

Parte 1: Introducción

Parte 2: Hábitos de la familia

Parte 3: Epílogo

NOTA DEL EDITOR

Este libro ha sido escrito pensando en el hogar cristiano y en la hermosa tarea de formar hábitos que acompañen a nuestros hijos desde sus primeros años. A lo largo de estas páginas encontrarás enseñanzas sencillas y prácticas, diseñadas para que los padres puedan crear un ambiente donde la fe se hace tangible día a día.

El autor utiliza el término liturgia a lo largo del texto para referirse a estas prácticas tangibles que buscan reforzar el entendimiento de la fe en los más pequeños. Liturgia se define como: (1) forma con que se llevan a cabo las ceremonias de culto en las distintas religiones ó (2) ritual de ceremonias o actos solemnes no religiosos. El autor busca redimir el término, que con frecuencia se asocia con grupos religiosos más tradicionales, y aplicarlo como el culto racional (Ro. 12:1) y la fe visible (Mt. 5:16), con el fin de ofrecer recursos que puedan servir a familias de distintos trasfondos dentro del cuerpo de Cristo.

Aunque hay términos y frases que no se traducen a la perfección, la editorial ha procurado respetar la voz e intención del autor, manteniendo la riqueza de matices que él quiso transmitir. Nuestro deseo es que este libro sea una herramienta que fortalezca la vida espiritual de tu hogar, que inspire momentos de oración, diálogo y aprendizaje, y que ayude a tus hijos a descubrir la alegría de caminar con Jesús desde pequeños.

Que estas páginas se conviertan en un apoyo para tu familia y un recordatorio de que cada pequeño hábito puede sembrar semillas de fe que darán fruto con el tiempo.

—Editorial Vida

INTRODUCCIÓN

REIMAGINA LOS HÁBITOS DEL HOGAR COMO LITURGIAS EVANGÉLICAS

Eran las ocho de la noche de un miércoles, y la hora de dormir con nuestros hijos no iba bien. Nada estaba particularmente mal, pero tampoco nada estaba particularmente bien.

Ocurría lo mismo que la mayoría de las noches: dos habían huido del baño y comenzado una lucha espontánea al estilo grecorromano (es decir, desnudos) en el suelo de su habitación. El más chico se había involucrado en la lucha convirtiendo sus libros de cartón en proyectiles, aparentemente tratando de terminar la pelea al noquear a uno de los dos mayores.

Había dejado hacía poco mi trabajo en un bufete internacional de abogados y empezado mi propia oficina especializada en derecho empresarial. Lauren estaba embarazada de nuestro cuarto niño, porque claramente nuestra casa necesitaba más luchadores grecorromanos. La vida era en ese entonces, como lo sigue siendo ahora, bastante ajetreada.

De camino al baño me estaba debatiendo entre si debía volver con uno de mis clientes, que estaba en medio de una ronda de inversiones, o limpiar primero la cocina. También me devanaba los sesos intentando recordar de quién era el cepillo de dientes de Superman y de quién era el de T. rex, porque si me equivocaba, habría más rechinar de dientes que cepillado.

Todo esto se interrumpió cuando casi resbalé con el agua de la bañera que habían derramado sobre el rechinante piso de madera de nuestra casa centenaria en Richmond, Virginia. Apenas evité caerme al suelo agarrándome de la perilla de la puerta, que casi se suelta, y ahí fue cuando perdí la cabeza. No es tanto que se me «acabe» la paciencia, sino que más bien decido que se me acabó.

Los diez minutos siguientes son borrosos. Estoy dando órdenes y moviendo cuerpos de un lugar a otro. Pero eso en realidad no acelera nada; solo nos pone a todos más tensos. En esos momentos, empiezo a sentirme como un general impotente gritando órdenes que, a pesar de su volumen, parecen no tener efecto en nadie. Cosas como: «¡Me da igual, usarás este cepillo de dientes!». Y: «Te quité el libro de las manos porque no me estabas escuchando». O: «¡No más tragos de agua! Se acabó el agua».

Finalmente, llego al momento que he estado esperando. Apago las luces y cierro la puerta. Sin embargo, mientras permanezco de pie en el pasillo de arriba, todavía húmedo por el agua de la bañera, no siento el alivio habitual de que la hora de dormir haya terminado. Me siento en conflicto y avergonzado.

Pensaba que esta era una noche normal, lo que significa que la última imagen que tienen de mí la mayoría de los días es la de este capataz salvaje y enfurecido que los amenaza con castigos físicos si no se ponen inmediatamente el pijama. Me pregunté si notaron la ironía cuando, antes de apagar las luces, oré una breve oración para dormir, diciéndoles que Dios los ama y yo también. Me pregunté qué pensaban ellos acerca del significado del amor.

No estoy seguro de por qué esa noche fue la ocasión de mi epifanía, porque ciertamente no se trató de una velada inusual. De hecho, resultó típica, que es exactamente lo que llevó a mi epifanía: «Esto es lo normal», murmuré para mí mismo. Y eso no era algo bueno.

La importancia de lo que es normal

Una de las cosas más significativas de cualquier hogar es lo que se considera normal. Los momentos se acumulan y se convierten en recuerdos y tradiciones. Nuestras rutinas se convierten en lo que somos, en la historia y la cultura de nuestras familias.

Esa noche, de pie en el pasillo, no estaba tan decepcionado de aquella situación como lo estaba de mi mediocridad. Una noche es una cosa. Una norma es otra.

Unas semanas más tarde, estaba hablando de nuestro caos nocturno con uno de mis pastores, Derek, y me sugirió que probara una liturgia para la hora de dormir. «¿Qué es eso?», le dije. Me contó una que practica con sus hijos, y me sentí intrigado.

La idea de una liturgia para la hora de dormir sonaba extraña al principio, pero cuanto más lo pensaba, más sentido tenía. Una liturgia, en el sentido formal, es un patrón de adoración que repetimos una y otra vez, con la esperanza de que el patrón nos lleve a la adoración y nos forme a la imagen de aquel a quien adoramos. Esto no era totalmente nuevo para mí. De hecho, había estado utilizando el tiempo fuera de mi práctica legal para escribir sobre cómo los hábitos de trabajo y la tecnología son realmente patrones de adoración que nos forman profundamente.[1] Había pensado mucho en el significado espiritual de los hábitos diarios que funcionan como liturgias; pero, sinceramente, no había aplicado en realidad esta idea a la crianza de los hijos.

No obstante, cuando Derek mencionó una liturgia para la hora de dormir, de repente lo comprendí: mi crianza ya estaba llena de liturgias, pero no de las que yo había elegido cuidadosamente. Estas pequeñas rutinas que tenía con Lauren y los niños (nuestro despertar, nuestras comidas, nuestros viajes en coche, nuestras horas de acostarse) también eran momentos de culto, guiados por hábitos que podrían considerarse exactamente como liturgias. ¿Liturgias de qué? Ahora que lo pienso, probablemente liturgias de eficiencia, impaciencia, prisa o frustración. Estos ritmos ciertamente no eran los que yo elegiría, pero eran los que teníamos, y eso tenía que cambiar.

---

1. Justin Whitmel Earley, *The Common Rule: Habits of Purpose for an Age of Distraction* (Downers Grove, IL: InterVarsity, 2019).

Fue en medio de esta mezcla de frustración e inspiración que escribí mi primera bendición nocturna para los niños. Esperaba que pudiera ser una pequeña liturgia para enviarlos a dormir y tal vez así interrumpir la liturgia de impaciencia a la que estaba recurriendo.

Esto es lo que escribí:

UNA BENDICIÓN DE AMOR DEL EVANGELIO PARA LA HORA DE DORMIR

Dicho tal vez con una mano en la cara o la cabeza de tu hijo.

Padre: ¿Ves mis ojos?
Hijo: Sí.
Padre: ¿Ves que veo tus ojos?
Hijo: Sí.
Padre: ¿Sabes que te quiero?
Hijo: Sí.
Padre: ¿Sabes que te quiero sin importar las cosas malas que hagas?
Hijo: Sí.
Padre: ¿Sabes que te quiero sin importar las cosas buenas que hagas?
Hijo: Sí.
Padre: ¿Quién más te quiere así?
Hijo: Dios.
Padre: ¿Incluso más que yo?
Hijo: Sí.
Padre: Descansa en ese amor.

Puedes imaginarte cuán bien fue esto la primera vez.

Pues no fue nada bien. En absoluto.

Estaban confundidos. De repente, se interesaron mucho en lo que significaba que pudiera ver sus ojos. Lo tomaron como una invitación a meterme los dedos en los ojos. De repente, el contacto visual era divertidísimo. Afortunadamente, a estas alturas de mi carrera como padre ya estaba acostumbrado al humor, las tonterías y las escaramuzas que inevitablemente salpican los intentos de momentos serios y espirituales con los niños. Así que seguí adelante.

A menudo me olvidaba de lo que había planeado decir. A veces traía notas. E incluso después de un par de noches de práctica, todavía había confusión general sobre lo que estaba sucediendo. Pero sabía por mi investigación y escritos sobre los hábitos que esto es exactamente lo que sucede cada vez que se inicia una nueva rutina. Nada es normal hasta que lo es. Arriesgándome a decir lo obvio, la importancia de una rutina familiar está en que no es solo un momento. No es algo que haces una vez y dices: «¡Vaya, nos ha ido de maravilla!» o «Eso fue difícil». Es una rutina que practicas, ya sea de forma consciente o inconsciente.

Después de unos días de práctica, ocurrió algo extraordinario. En medio de una noche igualmente desordenada, uno de los chicos, al fin acostado en su cama, preguntó: «¿Podemos tener nuestra bendición ahora?».

Ese fue el momento en el que algo que habíamos hecho se convirtió en algo que hacemos. Había nacido un hábito en nuestra familia.

Esa noche, los miré a los ojos y ellos miraron los míos, e intercambiamos unas breves palabras sobre el extraordinario amor de Dios por nosotros: el amor que nos ofrece a pesar de nuestros malos hábitos y de nuestros buenos hábitos como padres, a pesar de nuestros mejores días y de nuestros peores días, y a pesar de nuestros momentos de mayor orgullo y de nuestros secretos más oscuros. Su amor nunca cambia. Por un momento, y en un lenguaje infantil, hablamos de este amor extraordinario e incondicional de Dios por nosotros.

Para ser claros, excepto por este momento, esa noche fue exactamente como todas las demás. Todo seguía siendo un caos y todavía había agua de la bañera en el suelo, pero también estaba salpicada por un rayo brillante de significado. Y eso pareció marcar la diferencia.

Un par de años después sigue siendo así.

Ahora tenemos cuatro niños, y una bendición nocturna es un hábito fundamental de nuestra rutina al acostarse. Dicho esto, los libros de cartón siguen siendo armas, las peleas de lucha libre sin ropa siguen siendo más comunes de lo que me gustaría, los cepillos de dientes siguen teniendo los más sagrados derechos de propiedad en el hogar, y sigo dedicando una cantidad significativa de tiempo a evaluar mi vida en los pasillos. Pero hay algo que es diferente: yo. Las circunstancias son prácticamente las mismas, pero mi reacción ante ellas ha cambiado drásticamente. Y ese es el poder de un buen hábito de crianza: al cambiar nuestras reacciones instintivas ante situaciones cotidianas, descubrimos diferentes formas de dejar que la gracia de Dios guíe nuestros corazones, y los de nuestros hijos, hacia nuevas rutinas de vida juntos.

Esto puede parecer contradictorio al principio. Lo fue para mí. No solemos pensar que los hábitos y el corazón están tan interconectados. Pero sí lo están. Administrar los hábitos de tu familia es administrar los corazones de tu familia.

Y de eso trata este libro.

El corazón sigue al hábito

«Hoy te va a encantar la escuela», le digo a Whit mientras le cierro la cremallera del abrigo. «Tienes deporte, lo que significa que puedes salir al patio», continúo mientras le ato los zapatos. «Y si ves a tu hermano Ash en el pasillo, asegúrate de chocar los puños con él», le recuerdo mientras le abrocho el cinturón de seguridad, «porque los hermanos se apoyan, ¿cierto?».

Este es un momento extraordinario y totalmente normal. Tú también lo haces. Realizamos tareas complicadas y difíciles en piloto automático. Le damos vuelta a los panqueques y cambiamos pañales mientras hacemos cosas mucho más importantes, como charlar con nuestra pareja o reflexionar sobre un problema laboral. Podemos hacerlo gracias al asombroso fenómeno del hábito.

Los hábitos son pequeñas cosas fascinantes. Son las cosas que hacemos una y otra vez, de manera semiconsciente o inconsciente. Por definición, son, por supuesto, pequeños. Pero el impacto agregado de los hábitos es tan grande como pequeño es cada uno de ellos. Los hábitos no solo ocupan la mayor parte de nuestro tiempo, sino que conforman la mayor parte de nuestras mentes. Hay una razón neurológica para esto.

La neurociencia moderna nos ha demostrado que los hábitos se producen en las partes más profundas de nuestro cerebro, los ganglios basales, que son las partes que funcionan en piloto automático mientras el pensamiento de orden superior realiza sus complejas acrobacias.

Esto es maravilloso, ya que libera nuestro pensamiento de orden superior para cosas más importantes. Por eso puedo atarle los zapatos y abrochar su cinturón de seguridad mientras le enseño a Whit una lección importante sobre cómo los hermanos deben mostrarse afecto en público.

Por otro lado, se puede ver la ausencia de la magia de un hábito cuando se observa a un niño pequeño intentar atarse los cordones de los zapatos: la tarea consume toda su energía mental.

Esta capacidad de nuestro cerebro para trabajar en un hábito de orden inferior mientras el pensamiento de orden superior avanza sin interrupciones es uno de los maravillosos dones neurológicos que Dios nos ha dado.[2] Cuando se hace bien, podemos

2. Me referiré a la diferencia entre el pensamiento de orden superior e inferior a lo largo del libro. A veces también me referiré al cerebro de arriba y al cerebro de abajo. En general, la parte inferior del cerebro es la que se encarga de las tareas básicas, continuas y orientadas a la supervivencia, como luchar o huir, y descansar y digerir. Mientras tanto, la parte superior del cerebro nos ayuda a realizar el trabajo más sofisticado del ser humano, como usar la lógica, procesar nueva información y resolver problemas complicados. Resumiré las conclusiones clave, pero si quieres saber más sobre cómo estas partes de nuestro cerebro afectan nuestra vida de hábitos, consulta Charles Duhigg, *El poder de los hábitos: Por qué hacemos lo que hacemos en la vida y en el trabajo* (Madrid: Editorial Vergara, 2019).

acumular todo tipo de procesos maravillosos en nuestro pensamiento de orden inferior, volviéndose completamente naturales para nosotros: el viaje a casa, un abrazo al salir por la puerta, una bendición nocturna, una oración en la mesa, atrapar una pelota de fútbol, romper un huevo o frotar el cuello de tu pareja. Ya sean rutinarios o románticos, los hábitos nos permiten seguir adelante en un mundo que ya es bastante complicado sin necesidad de cuestionarnos constantemente.

No obstante, el inconveniente neurológico de los hábitos es tan poderoso como su ventaja. La misma característica que nos permite realizar un hábito bueno sin pensar en ello hace que sea difícil cambiar un mal hábito incluso cuando estamos pensando en ello. Imagínate la rueda de una carreta en un surco. No le cuesta ningún esfuerzo mantenerse en el surco. Pero se necesita un esfuerzo increíble para sacar la rueda de él.

Bueno o malo, un surco es un surco, y a nuestros cerebros les encantan los surcos.

Tus ganglios basales son tan buenos quedándose en la rutina que no puedes simplemente decirles que salgan. La parte inferior de tu cerebro se ha pasado toda la vida ignorando ese pensamiento de orden superior. Al fin y al cabo, se supone que debe hacerlo. Su trabajo es mantenerte en la rutina pase lo que pase.

En otras palabras: *no puedes salir de una rutina en la que no has pensado entrar.* Te entrenaste para entrar en ella, así que tienes que entrenarte para salir.

Considera mi rutina nocturna. Sabía en la parte superior de mi cerebro que no quería pasar otra noche gritándoles órdenes a mis hijos. Pero cuando resbalé en el agua del pasillo, los ganglios basales (que albergan la respuesta de lucha o huida) se activaron, y caí en el hábito de luchar para sobrevivir la noche. La norma se desarrolló no solo sin pensar mucho, sino incluso a pesar de mis pensamientos.

Por eso los hábitos son tan formativos desde el punto de vista neurológico: como una rutina, nos llevan a algún sitio. Tienen un destino incluso cuando nuestras mentes se oponen a ella.

Sin embargo, los hábitos no solo son formativos desde el punto de vista neurológico. Los hábitos también son formativos desde el punto de vista espiritual.

Porque cuando nuestras cabezas van en una dirección, pero nuestros hábitos van en otra, ¿adivina qué camino sigue el corazón?

El corazón siempre sigue al hábito.

Ver los hábitos cotidianos como liturgias de adoración

¿Por qué? Porque los hábitos son especies de liturgias. Son pequeñas rutinas de adoración, y la adoración cambia lo que amamos. Los hábitos del hogar no son solo acciones que forman las rutinas de nuestras familias, sino que son liturgias que forman los corazones de ellas. Por eso debemos elegirlos con tanto cuidado.

Piénsalo de esta manera: cuando se trata de formación espiritual, nuestros hogares no son simplemente productos de lo que enseñamos y decimos. Son mucho más productos de lo que practicamos y hacemos. Y, por lo general, hay una brecha significativa entre las dos cosas.

Si nuestros corazones siempre siguieran a nuestras mentes, no necesitaríamos practicar lo que aprendemos. Simplemente aprenderíamos sobre ello y el resto seguiría. Pero los humanos no funcionan así, y esta es la razón por la que la comprensión bíblica de la santificación no se trata solo de educación y aprendizaje, sino también de formación y práctica.[3] Tenemos la tarea no solo de aprender lo correcto, lo que requiere concentración y pensamiento,[4] sino también de practicar lo correcto, lo que requiere formación y repetición.[5]

---

3. Filipenses 4:9, «Pongan en práctica lo que de mí han aprendido, recibido y oído, además de lo que han visto en mí y el Dios de paz estará con ustedes».

4. Proverbios 4:6-7, por ejemplo, o el énfasis en el conocimiento y la comprensión en Colosenses 1:9-10.

5. Proverbios 22:6, por ejemplo, o el énfasis complementario en crecer en buenas obras en Colosenses 1:9-10.

Considera los hábitos del hogar como un esfuerzo para unir la educación y la formación. Piensa en ellos como formas de alinear nuestras mentes y nuestros corazones para que no solo sepamos lo que debemos hacer, *sino que también nos encante hacerlo.*

La neurología y la espiritualidad de los hábitos pueden parecer complicadas (especialmente si no has pensado en nada de esto antes), pero pocos asuntos son más prácticos que la espiritualidad del hábito.

CÓMO LOS HÁBITOS NUEVOS GUÍAN AL CORAZÓN	
Mi mente piensa... Quiero ser una persona paciente con mis hijos.	
Mi viejo hábito guía a mi corazón... Pero mi hábito por defecto es reprenderlos cada vez que algo se escapa de mis manos, lo que me lleva a un estado de impaciencia en el que les grito constantemente.	**Hasta que un nuevo hábito guía a mi corazón...** Hasta que cultivé el hábito de decir siempre (a menudo con los dientes apretados): «No pasa nada. ¿Por qué no me ayudas a limpiarlo?». Decir esto allana el camino hacia un proceso de limpieza compartido en lugar de otra reprimenda. *Me siento* más paciente porque *practico* hablar con paciencia.
Mi mente piensa... Quiero darles a mis hijos toda mi atención.	
Mi viejo hábito guía a mi corazón... Pero las notificaciones de las noticias matutinas en mi teléfono siempre me enfadan y me preocupan. Suelo estar ausente y distraído durante las mañanas mientras salimos de la casa con los niños.	**Hasta que un nuevo hábito guía a mi corazón...** Hasta que cultivé el hábito de apagar todas las notificaciones y no usar mi teléfono antes de dejarlos en la escuela. Nos formamos a imagen de aquello que miramos habitualmente. Los hábitos de nuestros corazones siguen los hábitos de nuestros teléfonos.

<table>
<tr><th colspan="2">Mi mente piensa... Quiero utilizar los momentos de disciplina para enseñar a mis hijos, no solo para enfadarme con ellos.</th></tr>
<tr><td>Mi viejo hábito guía a mi corazón...
Pero mi reacción constante es enfadarme y gritar cuando se portan mal de la misma manera una y otra vez.</td><td>Hasta que un nuevo hábito guía a mi corazón...
Hasta que practiqué el hábito de hacer una pausa y orar antes de disciplinar. No me di cuenta de que soy yo quien necesita un tiempo de reflexión. La pausa para orar no justifica lo que hicieron, pero ayuda a mi corazón a recordar que soy un hijo quebrantado y necesitado de Dios, al igual que ellos. Un hábito cuidadosamente elegido para mis hijos cambia mi corazón hacia ellos.</td></tr>
<tr><th colspan="2">Mi mente piensa... Quiero orar por mis hijos.</th></tr>
<tr><td>Mi viejo hábito guía a mi corazón...
Pero nunca sucede. Me preocupo mucho por ellos, pero en realidad nunca oro.</td><td>Hasta que un nuevo hábito guía a mi corazón...
Hasta que adquirí el hábito de orar cada noche en la puerta de su habitación antes de meterme en la cama. Claro, solo es un minuto más o menos, pero me di cuenta de que, aunque mi corazón no es bueno orando espontáneamente por ellos, sí era muy bueno para establecer una rutina nocturna de orar por ellos.</td></tr>
</table>

Hemos revisado algunos ejemplos de cómo he visto la interacción entre mi mente, mi corazón y mis hábitos en mi vida como padre.

Desglosaré todos estos ejemplos en los próximos capítulos, pero ten en cuenta que al igual que yo, la mayoría de los padres *quieren* ser padres pacientes, atentos y cariñosos que oran por sus hijos y les muestran amabilidad. No obstante, hasta que nuestras esperanzas no pasen de nuestras cabezas a nuestros hábitos, nada cambia. La idea de los padres que queremos ser permanece atascada en nuestras mentes, y nuestros hijos sufren por ello.

Sin embargo, no tiene por qué ser así. Es posible practicar hábitos del hogar que guíen a nuestros corazones, y a los corazones de nuestros hijos, en nuevas direcciones.

Dicho esto, permíteme también ser cuidadoso y claro. Este libro no te dirá que hay algunos trucos fáciles que pueden mejorar la crianza en un par de días. Nada importante es fácil. Así que no afirmaré que repensar los hábitos de nuestros hogares es fácil en ningún sentido. Pero lo que sí afirmo es que estos hábitos son de suma importancia para la formación espiritual de nuestras familias y que es posible cambiarlos.

Esto puede ser lo más importante que hagas como padre.

Los hábitos del hogar como «regla de vida»

La idea de que debemos estar atentos a nuestros hábitos comunitarios no es nueva. En absoluto. Hay un antiguo término monástico para esta idea. Se le llama «regla de vida». Una regla de vida es un patrón de hábitos compartidos destinado a formar una comunidad en el amor de Dios.

El concepto de regla de vida tiene sus raíces en la historia de Daniel y la forma en que él y sus compañeros de servicio insistieron en que mientras servían en las cortes de Babilonia, seguirían una rutina de vida diferente. Su compromiso con ciertos hábitos específicos de comer, beber y orar (su regla de vida) es lo que les permitió estar «en el mundo, pero no ser del mundo».[6]

Vemos una idea similar en la iglesia cristiana primitiva descrita en Hechos 2. Las conversiones de los primeros creyentes los llevaron a adoptar hábitos radicalmente diferentes a los del mundo que los rodeaba.[7] La singularidad de sus hábitos los distinguía, los llamaba a comprometerse con su fe y atraía a muchos otros a unirse a ellos.

La idea de que nuestra fe debe llevarnos a comprometernos con hábitos comunitarios se formalizó en los monasterios de

---

6. Frase que se utiliza a menudo para resumir Juan 17:14-19.
7. Hechos 2:42-47.

padres de la iglesia famosos como San Agustín y San Benito, cada uno de los cuales escribió una regla de vida para sus monasterios. Si lees estos maravillosos documentos, y deberías hacerlo, los encontrarás inspiradores y excéntricos a partes iguales. Algunos de los hábitos son quisquillosos (como la cantidad de vino que debe asignársele a un monje),[8] algunos de ellos son compromisos impresionantes con la comunidad y la amistad (como el de Agustín: «siempre que salgáis, caminad juntos, y cuando lleguéis a vuestro destino, permaneced juntos»),[9] y muchos otros son exactamente lo que cabría esperar: ritmos de oración, lectura de las Escrituras y comidas en común.

Sin embargo, lo que no puedes perderte si lees estas reglas es lo que las motivó: *el amor*. Daniel, la iglesia primitiva y los monjes vivían simplemente el resumen de la ley de Jesús: la esencia de la vida cristiana es amar a Dios y amar al prójimo. A partir de siglos de esta tradición de comunidades eligiendo cuidadosamente sus hábitos comunitarios, comenzó a surgir una nueva frase: «la escuela del amor». Desde entonces, todo tipo de comunidades espirituales han utilizado esta frase, y con una buena razón.

La forma más cristiana de pensar acerca de nuestros hogares es que son pequeñas «escuelas de amor», lugares donde tenemos una vocación, un llamado: formar a todos los que viven allí para que amen a Dios y al prójimo.

No se trata de un esfuerzo legalista basado en las obras, sino de un hermoso esfuerzo basado en la gracia.

Cuando los hermanos y hermanas que nos precedieron se propusieron formar hábitos comunitarios, no estaban tratando de demostrar o ganar nada. Estaban tratando de crear una estructura de hábitos sobre la cual el amor a Dios y al prójimo pudiera crecer. De hecho, la raíz latina de la palabra *regla* no significaba una ley que había que obedecer. Connotaba una barra o espaldera, es decir, una estructura que permite que la vida florezca.

---

8. *Regla de San Benito*, capítulo 40.
9. *Regla de San Agustín*, capítulo IV, frase 2.

Estas comunidades se dieron cuenta de que, si no les daban forma a sus estructuras de hábitos, el mundo lo haría por ellas. Decían: «Si no tenemos hábitos comunitarios radicales que nos formen, acabaremos conformándonos a las costumbres comunitarias del mundo que nos rodea».

Ellos vieron con claridad que su mundo estaba deformando a la gente hasta ser babilonios y romanos típicos. Vidas que eran ciegas para ver a Dios como es. Vidas que se ordenaban en torno al amor propio, el amor al poder, el amor a las riquezas y el amor al sexo. Vidas que parecen, desde nuestra perspectiva, sospechosamente estadounidenses.

La frase *regla de vida* puede ser nueva para ti, pero el concepto no lo es. Todos tenemos un conjunto de hábitos comunitarios a los que recurrimos por defecto. Pero la mayoría de nuestras familias están recurriendo por defecto al conjunto de hábitos estadounidenses, a la regla de vida estadounidense.

Al no elegir nuestros hábitos con cuidado, caemos en ritmos que nos están formando en todos los patrones habituales de tiempos de pantalla incesantes, ocupaciones interminables, consumismo ilimitado, soledad implacable, adicciones sin paliativos y distracción sin parangón.

«Los sistemas están perfectamente diseñados para obtener los resultados que obtienen», dicen los gurús de los negocios.[10] Nuestro sistema contemporáneo de hábitos culturales es el mismo. La cultura predeterminada está perfectamente diseñada para producir el tipo de familias que está produciendo. Estamos familiarizados con ellas. Entonces, ¿por qué nosotros, como cristianos llamados a ser embajadores de Cristo, caeríamos por defecto en esta regla de vida estadounidense?

Al sugerir que reconsideremos nuestros hábitos domésticos, estoy sugiriendo que recuperemos la idea de crear una regla de vida en nuestras familias para que podamos producir algo más que el típico adolescente ansioso, propenso a la depresión, solitario, confundido y

10. Cita a menudo atribuida a W. Edwards Deming.

adicto a las pantallas. Para que así podamos formar a los niños en el amor de Dios. Para que podamos formarlos a fin de que tengan relaciones significativas. Para que podamos enseñarles la paz que viene con conocer el amor incondicional de Jesús. Para que podamos crear hogares que sean luces misionales en un mundo oscuro.

Necesitamos una regla de vida en el hogar si queremos convertirnos en familias que amen al mundo como Dios nos ama a nosotros. Este es un asunto urgente para nuestras familias, y también es un asunto urgente para amar al prójimo. No podemos ser los amantes de Dios y del prójimo que estamos llamados a ser sin examinar los hábitos del hogar.

Ser guiados por Dios

Estoy en el pasillo de nuevo, pero esta vez es antes de irme a la cama, y estoy orando en la puerta de la habitación de mis hijos. Este es otro pequeño hábito que nació mitad por intención y mitad por desesperación. A menudo visito su puerta por la noche antes de dormir y digo algo como esto: «Dios, por favor, edúcame para que yo pueda educarlos».

Han pasado años y mientras más he pensado en los hábitos y la formación en la familia, más me he dado cuenta de lo conectados que estamos. Mis hábitos me están convirtiendo en un determinado tipo de padre. Mi crianza los está convirtiendo en determinados tipos de hijos. Todos juntos nos estamos convirtiendo en un determinado tipo de familia.

No hay forma de escapar de los hábitos y la formación en la familia. Nos convertimos en nuestros hábitos y nuestros hijos se convierten en nosotros. La familia, para bien o para mal, es una máquina de formación.

Hay mucho en juego, y si solo miráramos lo que estamos haciendo como familia, esta charla sobre los hábitos sería una carga increíble.

Pero no si miramos hacia arriba. Cuando miramos hacia arriba, vemos que tenemos un Padre celestial, un Padre divino que nos está criando. Él nos está formando como hijos del Rey perfectamente amados. No tenemos que inventar nada, cargar con nada ni soportar la carga final de la crianza. Solo tenemos que seguir a alguien.

La postura cristiana hacia los hábitos del hogar no consiste en llevar a nuestras familias a cuestas y escalar la empinada montaña de la vida. Es mucho más infantil que eso. Se trata simplemente de tomar la mano extendida de nuestro Padre celestial y seguirlo, un pequeño paso a la vez.

Nuestra mejor crianza se produce cuando pensamos menos en ser padres de nuestros niños y más en ser hijos de Dios.

Así que no te preocupes. Repensar los hábitos de tu hogar no es una carga pesada. Lo que es pesado es continuar sin hacer nada. Lo que es una carga es seguir los hábitos culturales predeterminados. Pero tomar la mano de Dios y estar dispuesto a seguirlo a dondequiera que nos lleve es una tarea liviana. Es la postura de un niño.

Alguien que es más fuerte que tú y que te ama está a cargo. Y eso es una buena noticia para los padres *y* para los niños.

CÓMO LEER ESTE LIBRO

Mi mayor esperanza no es que te sientes en un lugar tranquilo y leas este libro solo. Podrías hacer eso con una buena novela, pero este libro es bastante diferente. No está tan lleno de cosas para leer como lo está de cosas para intentar.

Así que más bien espero que leas fragmentos entre rabietas de niños pequeños y viajes de fútbol. Espero que te quedes dormido durante un capítulo porque el bebé estuvo despierto anoche, y que te distraigas en una buena parte porque tu hijo de doce años te hace una pregunta sorpresa sobre sexo. Espero que leas una página en voz alta para tu pareja y luego hables sobre esto. Espero que te detengas entre capítulos e intentes poner en práctica un hábito, y luego tomes notas cuando no funcione como pensabas. Espero que te saltes capítulos porque te sientes bien con las comidas familiares, pero te sientes perdido en el mar cuando se trata de los momentos de disciplina. Espero que lo leas en grupos de padres que se sientan lo suficientemente cómodos como para admitir que ninguno de nosotros sabe en realidad lo que está haciendo, de modo que podamos hablar sinceramente sobre ello, sin juzgar. Espero que derrames café, leche, té o vino encima de él. Espero que discutas con tu pareja (solo un poco) sobre si estos hábitos importan y por qué. Espero que permanezca con las esquinas dobladas en la encimera de la cocina y que lo metas en el bolso de los pañales.

Ese sería el mayor honor, porque significaría que este libro está en manos de la persona adecuada. Un padre en una casa desordenada. Un padre en las trincheras. Un padre como yo.

Escribo este libro para los padres que están profundamente involucrados, porque yo mismo soy un padre profundamente involucrado.

Escribo desde una casa desordenada

Esta mañana me he despertado con migas en el suelo de la cocina y se me ha acabado la leche. Anoche uno de los chicos (a quien no nombraré) se bajó los pantalones durante la oración en familia (o casi se los bajó, pues lo pillé justo a tiempo). Ahora mismo la ropa lavada está sobre la mesa de la cocina, el jardín necesita una limpieza a fondo, y estoy posponiendo una llamada del trabajo para escribir este párrafo. Estamos abrumados, y eso no es inusual para nosotros.

Ayer, Lauren me envió un mensaje de texto pidiéndome que orara más porque los chicos estaban «muy difíciles». Le respondí: «Oraré. Lo entiendo», y no estaba fingiendo simpatía. De hecho, me detuve y oré, porque creo que realmente lo entiendo.

Ser padre es realmente difícil, por lo general desordenado, y ninguno de nosotros se destaca en ello.

En el mejor de los casos, soy un padre cansado, confundido, impaciente, lleno de culpa y propenso al arrepentimiento, cuya única esperanza es que Jesús ciertamente vivió, murió y resucitó. Mi única esperanza es que la gracia signifique que esa realidad divina de alguna manera se abrirá paso hacia mi realidad. Porque mi realidad es que no siento que soy bueno en mi trabajo como padre.

La buena noticia es que cuanto más hablo con los padres, más me doy cuenta de que todos nos sentimos igual. He aprendido chino mandarín, me he graduado con honores en una de las mejores facultades de derecho, he aprobado el examen de abogacía, he trabajado en fusiones y adquisiciones en bufetes internacionales de abogados, he superado los ataques de ansiedad que suelen causar esos bufetes, he escrito libros y he montado mi propio negocio... y sigo pensando que ser padre es sin duda lo más difícil que he hecho en mi vida.

Así que admito (y no me avergüenzo) que escribo desde la trinchera. Y más vale que seamos sinceros con respecto a eso. Cuando escribí este libro, mis cuatro hijos tenían entre uno y nueve años, y no ha sido fácil.

Si quieres imaginarte a un padre que lo tiene todo bajo control y puede decirte cómo hacerlo bien, déjame que te acompañe a la puerta de la forma más educada posible. Yo no soy esa persona.

Pero también deberías saber que nadie más lo es.

Esto significa, afortunadamente, que todos podemos dejar de sentirnos culpables y de juzgar. Espero que nuestra conversación en este libro sea similar a lo que la iglesia debe ser: un lugar para que los pecadores en recuperación se regocijen de que, teniendo nuestras miserias, Dios nos ama de todos modos. Así que escribo sobre los hábitos del hogar desde un hogar desordenado.

Algunas de estas frases se escribieron abajo antes de que los niños se despertaran. Otras se garabatearon en un bloc de notas cuando debería haber estado limpiando la mesa. Algunas se escribieron a máquina en la oficina mientras posponía un par de correos electrónicos de clientes, y otras se teclearon apresuradamente en mi teléfono en medio de una animada conversación entre amigos en el jardín sobre nuestras dificultades mutuas como padres. Pero todas son fruto de la lucha, y todas ellas están mucho más desgastadas por el fracaso que pulidas por el éxito.

Me atrae escribir sobre las cosas con las que lucho, y los hábitos del hogar no son diferentes. Estoy calificado para escribir sobre estas cosas no porque sea muy bueno en ello, sino porque lo necesito desesperadamente.

Cómo está estructurado este libro

Uno de los temas centrales de este libro es que nos convertimos en nuestros hábitos, y nuestros hijos se convierten en nosotros. Lo cual significa que en quiénes se están convirtiendo nuestros hijos está estrechamente relacionado con en quiénes nos estamos convirtiendo nosotros, tanto a nivel personal como colectivo.

Por esa razón, cuando pensamos en la formación cristiana en un hogar, estamos pensando al menos en tres direcciones: formar a los padres, formar a los hijos y formar a una familia. Como puedes ver en la figura 1, los capítulos se desarrollarán teniendo en cuenta hábitos que pueden ocurrir a lo largo de un día, pero cada hábito tendrá un énfasis en la formación de padres, niños o familias.

Figura 1

FORMANDO PADRES | FORMANDO FAMILIAS | FORMANDO NIÑOS

Formando padres

Criar a tus hijos no se trata solo de lo que estás haciendo en sus vidas. Se trata primero del trabajo que Dios está haciendo en tu vida. Esto significa que el punto de partida de los hábitos de crianza es pensar en cómo nuestros hábitos hogareños nos están formando como padres. No podemos hacer discípulos sin ser discípulos. No podemos enseñar la gracia de Dios sin experimentar la gracia de Dios.

Así que algunos de estos capítulos —como los hábitos de despertar o los hábitos del matrimonio, por ejemplo— estarán dirigidos a ti. Estos hábitos me recuerdan que no puedo ser un buen padre si no soy un buen marido. No puedo ser un padre comprometido si no soy un discípulo comprometido. Hay una cierta primacía en estos hábitos. Los he colocado al principio y en la mitad del libro para que sirvan de contrapeso al contenido del mismo. Necesitamos ritmos espirituales para convertirnos en el tipo de personas que Dios nos llama a ser antes de que podamos pensar en el tipo de padres que Dios nos llama a ser.

Formando niños

Siento cierto asombro cuando estoy rodeado de niños. Ya sea jugando en el patio trasero con los niños del vecindario o sentado a la mesa con mis hijos, a veces recuerdo de repente que nosotros, los padres, tenemos la temible e increíble oportunidad de moldear a los seres humanos. A veces esto me hace llorar, porque tengo muchas ganas de protegerlos a todos y sé que no puedo. A veces me enorgullece, porque siento que tengo el trabajo más importante del mundo. Otras veces ni siquiera sé por dónde empezar, porque es una responsabilidad abrumadora. Creo que todas estas respuestas tienen cabida. Formar a los niños es maravilloso, aterrador y, en conjunto, demasiado, por eso necesitamos ayuda.

Después de los hábitos de formar padres, la mitad de los hábitos restantes tratan sobre formar niños. Estos capítulos se centran en las áreas en las que podemos elegir las rutinas que moldean a nuestros hijos: horas de acostarse, momentos de disciplina, tiempo de pantalla y devociones familiares. Estos hábitos son realmente prácticos y primordiales, porque gran parte de nuestro día a día está relacionado con ellos. Por esa razón, notarás que estos capítulos son un poco más profundos y extensos.

Formando familias

Por último, en la intersección entre los padres que forman y los hijos que son formados se encuentra la cultura familiar. Se trata de la idea de que cuando nos reunimos, ocurre algo único: nace un hogar. Estos capítulos tratarán sobre los hábitos que se centran en la formación comunitaria, como las comidas, las conversaciones y los ritmos de trabajo y juego.

Notarás que estos hábitos tienen una naturaleza exterior. Ellos representan los lugares donde el hogar comienza a salir al mundo o, en algunos casos, donde el hogar invita al mundo a entrar. Por ejemplo, una forma de pensar en la cultura familiar es pensar en los hábitos y normas a los que se invita a nuestros amigos y vecinos cuando vienen a casa. Otra forma de pensar en la cultura familiar es considerar lo que enviamos al mundo cuando nos hacemos amigos de los demás y hacemos nuestro trabajo en el mundo. En ambos sentidos, estos hábitos de formar familias miran más allá de la puerta de la casa y se asoman al mundo de amar a los vecinos y ser una luz para el mundo.

La espiritualidad de la vida doméstica

En la vida real, la formación de padres, la formación de hijos y la formación de familias se mezclan durante un día típico. Por esa razón, el orden de estos capítulos no se desarrollará de forma categórica, sino como podría hacerlo un día cualquiera. Comenzaremos por la mañana y terminaremos a la hora de acostarnos. En el medio, hablaremos del trabajo y el juego, las comidas y la disciplina. No dudes en saltar a un capítulo que te interese, porque cada uno de ellos es independiente. Sin embargo, verás que si los sigues en orden, los temas se complementan entre sí.

Al seguir el ritmo ordinario de un día, espero llamar tu atención una y otra vez sobre uno de los otros temas centrales de este libro: *que la mayor obra espiritual ocurre en los momentos normales de la vida doméstica.*

Por un lado, espero que lo encuentres alentador. Darse cuenta de que los momentos normales de la vida son también los momentos más espirituales de ella ayuda a darle validez y dignidad a la naturaleza de las tareas domésticas y la crianza de los hijos, que de otro modo sería mundana y repetitiva. Sé que los padres nos preguntamos constantemente si todo esto importa, y trataré de asegurártelo una y otra vez: ¡sí, importa! Tu trabajo en el hogar y la crianza de los hijos son tremendamente importantes. Tendrán repercusión en la eternidad.

Sin embargo, por otro lado, esto es un reto porque nos recuerda por qué la crianza de los hijos es tan, tan difícil. La crianza de los hijos, vista correctamente, es una incesante batalla espiritual. Una batalla que Dios está usando para refinarnos y una batalla que Dios ganará por nosotros, y si te parece una lucha, es porque lo es.

Cuando estás en casa con los niños, estás en un reino espiritual que pondría celosos incluso a los monjes más fervorosos. Uno de los escritores contemplativos más famosos del siglo veinte, Carlo Carretto, pasó años y años en el desierto del Sáhara, buscando a Dios en una vida de oración y soledad. Más tarde, admitió que sentía que su madre, que pasó treinta años criando a sus hijos, era mucho más contemplativa (¡y mucho menos egoísta!) que él.[1] No me parece nada sorprendente. Como dice maravillosamente la autora Ruth Chou Simons, «la maternidad es santificante». Solo puedo sonreír y añadir que la paternidad también lo es.

Así que, al final, replantear el hogar como la escuela del amor donde se lleva a cabo la obra espiritual más importante debería ser a la vez un reto y un consuelo, porque una afirmación implícita es que no tenemos que retirarnos a las cimas de las montañas o los confines solitarios de la experiencia humana para encontrarnos

1. Citado en Ronald Rolheiser, *Domestic Monastery* (Brewster, MA: Paraclete Press, 2019).

con Dios y servirle. Más bien, encontramos a Dios y su misión en el centro de las familias bulliciosas.[2]

Por último, todas las cosas espirituales deben llegar a ser prácticas. Así que, aunque he intentado basar el comienzo de cada capítulo en la buena teología, trato de terminar cada capítulo donde se supone que la buena teología nos lleva: a la buena práctica.

Al final de cada capítulo encontrarás los hábitos clave resumidos y reunidos en una página. Esto no es solo para que puedas recordarlos, sino también para que puedas encontrarlos fácilmente cuando (espero) vuelvas y los pongas en práctica.

Una nota sobre la edad y la adaptación

Una de las cosas que significa escribir desde la trinchera es que, si bien los temas y los hábitos son aplicables a niños de todas las edades, mis ejemplos tenderán naturalmente hacia los niños más pequeños. Me basaré en mi infancia y mi propia llegada a la madurez para hablarles a los adolescentes y jóvenes, pero la mayor parte de mi experiencia como padre se centra en los primeros años de vida. Así que, aunque notarás esto, también te darás cuenta de que a medida que avance el libro, reconoceré el paso del tiempo y hablaré cada vez más del envejecimiento de nuestros hijos. Cuando lleguemos al epílogo, nos imaginaremos a todos envejeciendo juntos.

Otra cosa a tener en cuenta es que escribo desde una familia bastante tradicional. Estoy muy agradecido de que Lauren y yo tengamos un matrimonio sólido e hijos sanos, pero también soy consciente de que muchas personas —incluidos algunos de mis amigos, colegas y vecinos— no los tienen. Quiero reconocerlo con compasión y empatía. Dependiendo de dónde te encuentres, puedes leer secciones o hábitos preguntándote cómo se aplica esto

2. Para un libro fascinante y sorprendentemente hermoso sobre la búsqueda de las familias como lugar de formación espiritual, en vez de buscar la soledad y los retiros, véase Ernest Boyer Jr., *Finding God at Home: Family Life as Spiritual Discipline* (San Francisco: Harper and Row, 1984).

a tu situación familiar particular. He decidido que es más prudente dejar que tú hagas esa aplicación que imaginar que puedo hacerlo por ti. Cuando leas el capítulo sobre el matrimonio, puede que desees desesperadamente tener uno. O cuando leas el capítulo sobre el juego, puede que desees con dolor que tu hijo esté lo suficientemente sano como para retozar. No obstante, puedo afirmar que los temas cristianos del amor de pacto (en el matrimonio) y la imaginación sana (en el juego) son aplicables a todos nosotros, personas emocionalmente heridas, sin importar nuestras situaciones familiares particulares. Aunque no seré tan presuntuoso como para aplicarlo a tu situación; te dejaré hacerlo a ti. Así que al final de cada capítulo verás una nota sobre la adaptación, animándote a hacer precisamente eso.

Sin embargo, no importa la edad de nuestros hijos o la estructura de nuestras familias, todos podemos identificarnos en una cosa: nuestra fragilidad como padres. Todos necesitamos gracia y amor, y ese —lo descubrirás una y otra vez— es el tema principal.

Así que recuerda, el amor es la base de todo

«El amor es la base de todo —todo aprendizaje, toda crianza, todas las relaciones—, el amor o la falta de él. Y lo que oímos o vemos en la pantalla forma parte de lo que llegamos a ser».

Me encanta esta cita, en parte porque proviene de una fuente inesperada: el Sr. Rogers, la personalidad de la televisión que era más conocida por preguntar: «¿Quieres ser mi vecino?». Pero como sabrás, Fred Rogers era un ministro con formación en el seminario y un seguidor de Jesús que se veía a sí mismo como un misionero en la televisión.[3] Y aún más, como alguien que se sentía llamado a ministrar a los niños, estaba radicalmente en sintonía con el poder redentor del hábito en la vida de ellos. (No es

3. Véase el documental de 2018 sobre Fred Rogers de Morgan Neville, *Won't You Be My Neighbor?*

de extrañar si recuerdas su famosa forma de quitarse la chaqueta y los zapatos en cada programa).

No obstante, esta cita de Fred Rogers me encanta sobre todo porque me recuerda, una y otra vez, que la preocupación motivadora de toda esta charla sobre los hábitos y el cuidado de los niños es el amor.

Inevitablemente, mientras lees este libro, a veces, te sentirás tentado a preguntarte: «¿No es esto legalista? ¿No es el poder de Dios el que nos cambia, no el poder de nuestros hábitos?». Intentaré recordarte que no, no es legalista. Y sí, es el poder de Dios el que nos cambia, hábitos incluidos.

Llamaré tu atención sobre esto una y otra vez, no tanto porque quiera defender mi postura, sino porque es una oportunidad para recordarte una y otra vez el mensaje de la gracia de Dios.

Preocuparte por cómo los hábitos están moldeando a tu familia no es legalista. Lo que sería legalista es decir que Dios te ama más por tus hábitos. O que puedes ganarte la salvación eligiendo los hábitos correctos. No puedes. ¡Y gracias a Dios, no es necesario!

La buena noticia del cristianismo es que la muerte de Jesús en la cruz ha pagado por todos nuestros fracasos (incluidos nuestros malos hábitos de crianza), y su resurrección de la tumba es la promesa de una nueva vida (incluidos nuevos hábitos de crianza). Es la obra de Dios la que nos salva, por gracia y por fe, no nuestras obras (ya sean de hábitos o de otro tipo).[4] Que Dios muriera por nosotros cuando todavía éramos pecadores es una demostración de su gran amor,[5] y ese amor es la razón por la que nos preocupamos por los hábitos.

Así que, como les recordaré al final de cada capítulo, nuestros hábitos no cambiarán el amor de Dios por nosotros, pero el amor de Dios por nosotros puede y debe cambiar nuestros hábitos.

Por lo tanto, a la luz de su gracia y amor, comencemos.

---

4. Efesios 2:8-10.
5. Romanos 5:8.

HÁBITOS DE LA FAMILIA

CAPÍTULO 1

DESPERTAR

Abro los ojos de golpe al oír el grito en mitad de la noche. Ya estoy a medio camino de la puerta del dormitorio cuando mi cerebro empieza a asimilar las cosas. Viene de la habitación de los chicos. Probablemente sea Coulter. Es increíble lo que puede hacer la mente antes de que te des cuenta de que está haciendo algo.

Estoy a mitad del pasillo antes de que él tome aire para empezar su segundo grito, y abro la puerta justo a tiempo para verlo soltarlo.

Está sentado en su camita, mostrando todo el aspecto del pequeño ser humano que es. Su cama de «niño grande» es apenas más grande que un banco del parque, y está aferrado a sus mantas. Tiene el pelo despeinado. El chupete que lleva enganchado al cuello de su pijama de Spider-Man cuelga de su pecho.

Lo levanto en mis brazos. Como todos los niños en crisis, debe sentir amor antes de poder hablar. En un momento, el llanto se detiene. Cuando se calma, le digo: «Coulter, ¿qué te pasa, amigo?». Me mira, tranquilo por un momento, y luego rompe a llorar. «¡Un monstruo!», se lamenta. «¡Me quiere atrapar!». Los siguientes minutos son exactamente lo que esperas: me siento con él mientras sus sollozos se apagan. Le digo que no hay ningún monstruo y que solo fue un sueño, pero esas cosas solo funcionan hasta cierto punto. ¿Por qué? Porque seamos grandes o pequeños, los humanos luchamos por conectar esta brecha entre nuestras cabezas y nuestros corazones.

Temblando en su cama a los tres años, Coulter es una imagen de la condición humana. La racionalidad, por sí sola, nunca ha calmado un solo miedo en los niños o los padres. Es totalmente posible saber que una cosa es cierta, pero sentir completamente lo contrario. Él «sabe» que no hay monstruos en el armario, pero aun así tiembla en su cama. Nosotros «sabemos» que Dios nos ama y que está arreglando todo para bien, pero aun así temblamos en nuestras ansiedades. Para todos nosotros, aceptar plenamente la realidad es un proceso que debe implicar tanto sentir como saber.

Para eso es que están las historias: para trasladar la realidad de la cabeza al corazón. Debemos contar y volver a contar las historias de la realidad, a nosotros mismos y a nuestros hijos, para no seguir viviendo en nuestras pesadillas. Así que le cuento una historia.

«Coulter, si un monstruo intentara venir por ti, ¿sabes lo que haría?». «¿Qué?», dice, medio nervioso y medio curioso. «Lo agarraría por su cola de monstruo y lo haría girar por la habitación así». Hago girar mi mano sobre mi cabeza. «Luego, cuando estuviera bien mareado, ¡lo soltaría y lo arrojaría por la ventana así!». Arrojo al monstruo invisible contra la ventana. Coulter reprime una risita al pensarlo.

Entonces le pregunto: «¿Siempre estaré aquí para protegerte?». Esta es una pregunta que hemos ensayado y él sabe su línea: «Sí», dice. Lo abrazo un momento más. Mientras una versión más fiel de la realidad comienza a establecerse, finalmente se recuesta.

Pronto volvemos a estar los dos en la cama. Antes de quedarme dormido, el pensamiento cruza brevemente por mi mente: *Me parezco mucho más a Coulter de lo que me gustaría admitir.* Esto es cierto para todos nosotros, realmente.[1]

Antes de ser padres de nuestros hijos, somos niños. Y lo más importante, hijos de un Padre celestial. Comprender cómo somos criados por ese Padre celestial cambia todo sobre la forma en que criamos a nuestros hijos.

---

1. Para una explicación más detallada sobre este tema, consulte el excelente libro de Paul David Tripp, *La crianza de los hijos: 14 principios del Evangelio que pueden cambiar radicalmente a tu familia. Edición Kindle (Cd. México: Faro de Gracia, 2019).*

Coulter se había despertado con una versión alternativa de la realidad. No era real, pero causaba un miedo real. Necesitaba a un padre que lo abrazara, lo calmara y le contara la verdadera historia de la realidad.

La mayor parte de los días necesitamos lo mismo. La mayoría de los días nos despertamos con nuestros propios monstruos, desesperadamente necesitados de un Padre celestial que nos recuerde la verdad sobre la realidad: que somos amados por un Dios bueno y que, gracias a Él, todo va a salir bien.

Despertar a la realidad

Una de las grandes preguntas de la vida es si estamos despiertos a la realidad tal como es o si vivimos en realidades alternativas llenas de mentiras. Hay mucho en juego, porque la verdad de la realidad de Dios siempre nos hará libres, pero las mentiras, como monstruos, siempre nos esclavizarán al miedo constante.[2]

Como padres, debemos comenzar un examen de los hábitos del hogar observando nuestros propios hábitos, porque después de todo, nos convertimos en lo que dictan nuestros hábitos y nuestros hijos se convierten en nosotros. Y este examen comienza con los hábitos de despertar.

Antes de que te pongas nervioso, debes saber que no te voy a decir que todos tenemos que levantarnos dos horas antes para hacer una meditación silenciosa prolongada. Este capítulo trata de despertar a la realidad, y si eres padre como yo, la realidad es que probablemente no duermes lo suficiente. Así que no te preocupes. Me interesa mucho más cómo nos despertamos, lo cual es fundamentalmente una cuestión espiritual, que cuándo nos despertamos exactamente, lo cual es una cuestión que cambia con la edad y las etapas de la vida. Así que considera por un momento la espiritualidad del despertar.

---

2. Juan 8:32 (NBV), «Entonces conocerán la verdad, y la verdad los hará libres».

Despertar es algo increíble. Hemos pasado horas de nuestras vidas inconscientes y vulnerables. Luego abrimos los ojos e intentamos ubicarnos en la realidad. ¿Dónde estamos? ¿Qué hora es? ¿Qué tenemos que hacer hoy? ¿Qué está pasando en el mundo? ¿Quiénes somos hoy? ¿Cómo nos sentimos con nosotros mismos? ¿Cuánto valemos?

Despertar puede considerarse algo natural, pero despertar a la realidad no lo es. Como en el caso de Coulter, mucho depende de las historias que escuchamos al despertar. La diferencia es que, mientras que sus monstruos irrumpen incontrolablemente en los sueños, nosotros, como adultos, tenemos a nuestros monstruos mucho más entrenados, pues las mentiras que creemos son en la mayoría de los casos producto de los hábitos que practicamos. ¿Qué historia de la realidad ensayamos habitualmente cada mañana? ¿Nos está liberando? ¿O nos está esclavizando a las mentiras?

Cuando lo primero que hago por la mañana es darme vuelta, coger el teléfono y empezar a revisar los correos electrónicos del trabajo, me despierto con los monstruos del rendimiento. La historia de la realidad trata de lo que puedo lograr hoy y de si puedo justificar mi existencia. Cuando empiezo la mañana en las redes sociales, me despierto con los monstruos de la comparación y la envidia. La historia de la realidad trata de las imágenes de la vida de otras personas y de si puedo estar a la altura. Cuando empiezo la mañana con los titulares de las noticias, los monstruos del miedo y la ira casi saltan a través de la pantalla. La historia de la realidad trata de cómo el mundo se está desmoronando y de lo enfadado que debería estar con aquellos que simplemente no lo entienden. O cuando estoy en la cama recorriendo la lista de tareas del día (o cuando salto de la cama y empiezo inmediatamente a correr para que todos estén listos a tiempo), me despierto con el monstruo de la actividad. La historia de la realidad es que siempre hay demasiado que hacer y nunca hay tiempo suficiente para hacerlo.

Todas estas mentiras son como los monstruos del armario de Coulter. Intelectualmente, sé que no son las historias reales del mundo. Pero en la práctica, parece que sí lo son, porque ensayo sentirlas cada mañana.

Los hábitos de despertar pueden ser pequeños y en su mayoría inconscientes, pero nunca son neutrales, y por eso son tan poderosos. El poder de los hábitos reside en su combinación única de espiritualidad e invisibilidad. Nos cuentan historias sobre la realidad y nos guían hacia patrones de adoración, todo ello sin llamar la atención. Por eso es tan importante prestarles atención a nuestros hábitos. Lo que está en juego en nuestros hábitos de despertar es si creemos realmente en el evangelio de Jesús.

En el mejor de los casos, los rituales matutinos de un hogar apoyan la realidad de que Dios nos ama y su amor es el hecho definitorio del universo. Aquí nuestros hábitos de despertar sirven como liturgias evangélicas que nos empujan a los brazos de un Padre que nos ama, y luego nos envían al mundo para amar a los demás. Pero en el peor de los casos, nuestros hábitos de despertar se entregan a realidades alternativas en las que el universo depende de nosotros y lo que hagamos hoy. Este es el evangelio de la humanidad, donde nuestros rituales nos dicen que tenemos que mantenernos al día para sobrevivir y convertir el hogar en una escuela de la prisa, el miedo y la frustración.

Así que debemos despertar a cómo despertamos. Debemos ver que el primer papel de un padre no es hacer que todos se levanten a tiempo, sino enraizar nuestros hábitos domésticos de despertar en la verdad del evangelio. Porque en la historia de Dios, nuestro llamado no es simplemente despertar nuestros cuerpos cada día, sino despertar nuestros corazones al amor de Dios.

Despertar a la luz de la historia de Dios

«Que haya luz».[3]

Estas son las famosas primeras palabras de Dios en las Escrituras, iniciando la metáfora de la luz que recorrerá toda la historia. La luz es lo que tiene lugar cuando Dios habla en el Génesis. La luz

3. Génesis 1:3.

es lo que rodea las cosas cada vez que Dios se le aparece a alguien en el Antiguo Testamento. La luz es lo que cae en el camino del salmista cuando Dios pronuncia sus palabras. La luz del mundo es la metáfora central para quién es Jesús. La luz es lo que ciega a Pablo. La luz es lo que le permite ver de nuevo. La luz es de lo que Pablo no puede dejar de escribir en sus cartas, diciéndonos que brillemos como estrellas y seamos hijos de luz.[4] Y, por supuesto, la luz es donde termina la Biblia, con Dios mismo iluminando el mundo. En el nuevo cielo y la nueva tierra, no habrá necesidad del sol en el firmamento, porque tendremos al Hijo de Dios.

Al igual que Dios, la luz siempre gana al final. Donde hay luz, no puede haber oscuridad. «Por eso se dice: "Despiértate, tú que duermes, levántate de entre los muertos, y te alumbrará Cristo"».[5]

Si la luz de la mañana es lo que nos despierta al día, entonces la luz de Cristo debe ser lo que nos despierte a la realidad. Es la luz de Cristo la que abre las cortinas del corazón.

Uno de mis momentos favoritos en la mañana es cuando Lauren baja las escaleras, porque su primera tarea es correr las cortinas. Por alguna razón, tiendo a sentarme en el sofá a oscuras en la mañana con un café, leyendo y escribiendo en mi diario. A veces estoy solo. A veces un niño que se ha despertado temprano se sienta cerca de mí. (A veces, un niño que se ha despertado temprano se me echa encima y garabatea en la página donde estoy intentando escribir mi diario). Sin embargo, en cualquier caso, la mayoría de las veces ninguno de nosotros se molesta en correr las cortinas y dejar entrar la luz.

Si bien las tablas rechinantes del suelo y las paredes con corrientes de aire son desventajas de vivir en una casa tan vieja como la nuestra, los techos de casi tres metros y las altas ventanas son una ventaja. Así que cuando Lauren baja e inevitablemente comienza a abrir las cortinas, la casa cambia drásticamente. De repente, hay ventanas al mundo por todas partes y lo veo tal como es. A veces

4. Filipenses 2:15; Efesios 5:8.
5. Efesios 5:14.

la casa se inunda de luz matutina. Otras veces me doy cuenta de que el sol aún no ha salido. A veces no sabía que estaba lloviendo.

Esto siempre me recuerda que nuestra capacidad de ver el mundo tal como es no es un hecho. Saber intelectualmente que es de mañana es una cosa; mirar fijamente el rectángulo iluminado por el sol que se proyecta sobre la alfombra es otra. Una cosa involucra a la cabeza, y la otra involucra al corazón y a la cabeza.

Lo que es cierto en la casa es cierto en nuestra vida espiritual. Debemos encontrar formas de abrir las cortinas de nuestros corazones cansados por la mañana y dejar entrar la luz. Y para eso están precisamente las disciplinas espirituales.

Tres hábitos para dejar entrar la luz

La mejor manera de entender las disciplinas espirituales como rutinas matutinas del hogar es imaginándolas como formas de dejar entrar la luz.

Si bien puedes pensar que las disciplinas espirituales son algo extra que hacer, te animo a que pienses en ellas como algo que ya estás haciendo, aunque no lo sepas. Ahora mismo tienes una rutina. Estás poniendo en práctica una liturgia matutina, ya sea en la cocina o en el teléfono, y ella está reforzando una historia del mundo que puede ser cierta o no. Este es un hábito espiritual. Todos nuestros hábitos mundanos lo son. Ellos adiestran a nuestros corazones en ciertas direcciones.

Comprender que nuestros hábitos ya nos están instruyendo nos ayuda a ver las disciplinas espirituales clásicas en toda su dimensión. Estas no solo abren nuestros corazones a la realidad de la historia de Dios, sino que también desplazan otros hábitos que nos conducían a liturgias de historias falsas.

A continuación, se presentan tres ejemplos de cómo las disciplinas espirituales sencillas de la Escritura y la oración pueden convertirse en breves rutinas matutinas que ayudan a una familia a abrir las cortinas del corazón.

Hábito de despertar 1: Intenta hacer una breve oración de rodillas junto a tu cama al despertar

Por lo general, me despierto con la cabeza llena de pensamientos y preguntas. «¿Por qué ese niño se levanta tan temprano?» «¿Qué voy a decir en esa reunión?» o «¿Por qué siempre estoy tan cansado?». Como todos, tengo una opción cada mañana: ¿me entrego a esta realidad distorsionada o me arrodillo ante la realidad de Dios?

El hábito de arrodillarme junto a la cama para orar inmediatamente después de despertarme me ayuda a desplazar todos estos otros pensamientos posibles y a dedicar el primer momento de la mañana a buscar la luz. Aunque esté cansado, el acto de arrodillarme se apodera de la mente al apoderarse del cuerpo. Aunque esté lleno de pensamientos ansiosos sobre el día, hacer una breve oración introduce suavemente una realidad diferente: el telón de fondo del amor y el cuidado de Dios por mí, independientemente de lo que tenga que hacer. A pesar de que muchas de mis preguntas sobre el día son probablemente válidas (nuestros monstruos siempre llevan una máscara de verdad), enmarcarlas en una breve oración las sitúa en el contexto de la preocupación de Dios por mis preocupaciones. Me recuerda que mis problemas existen, aunque puede que no signifiquen lo que yo creo que significan. Mis preocupaciones no deben ser ignoradas, sino examinadas a la luz de la realidad del amor de Dios.

A medida que he practicado esto a lo largo de los años,[6] me doy cuenta de que a menudo me baso en un par de oraciones memorizadas de una sola frase (al final de este capítulo se incluyen algunas como ejemplo). No obstante, con la misma frecuencia simplemente pongo mis primeros pensamientos en forma de oración.

Si me despierto exhausto, puedo expresarlo como una súplica: «Señor, no dejes que me enfade con los niños solo porque he decidido acostarme tarde».

---

6. Véase el capítulo 1 del libro *The Common Rule: Habits of Purpose for an Age of Distraction,* con el fin de conocer la historia de cómo esta práctica se convirtió en un hábito fundamental.

Si mi trabajo me preocupa, probablemente lo convertiré en una petición: «Dios, que refleje tu imagen en mi trabajo de hoy y no me preocupe por mi propia imagen».

Si estoy luchando con mis enfados con mis hijos (que siempre amenazan con reducirlos a problemas que hay que resolver en lugar de verlos como portadores de la imagen de Dios que hay que amar), intentaré poner eso en una oración en la que vuelvan a ser humanos: «Señor, que pueda amar y servir a mis hijos esta mañana como tú me amaste y me serviste».

Por lo general, este breve hábito se lleva a cabo en soledad y junto a la cama, inmediatamente después de apagar la alarma. A veces ocurre con Lauren y se alarga un poco porque es sábado. De vez en cuando tiene lugar con un niño a mi lado porque me ha despertado temprano. Si es así, los invito al ritual poniendo un brazo alrededor de su hombro y pidiéndoles que se arrodillen conmigo. A veces ellos también quieren orar, pero en general solo quieren oírme hacerlo.

Sin embargo, no importa cómo se desarrolle, este momento es siempre tan breve como significativo.

«Denme un punto de apoyo... y moveré el mundo», dijo Arquímedes sobre el poder de la palanca. Es cierto. Las cosas pequeñas en el lugar adecuado tienen enormes consecuencias.

Lo mismo ocurre con la oración. El poder de la oración no es proporcional a su duración, ya que la oración funciona fuera de la física de nuestras intenciones. Y eso es algo bueno. No importa lo corta que sea, la oración es la palanca que puede levantar los corazones más pesados. Levantarlos para ver la realidad tal como es: que somos hijos del Rey, que hoy Él está redimiendo todas las cosas y que estamos invitados a esa gloriosa realidad.

Por supuesto, debes saber que esto no es una solución rápida para hacer la vida más fácil. Nada lo es. Ninguna de las disciplinas espirituales promete hacernos la vida más fácil o darnos paciencia eterna con nuestros hijos. Ninguna de ellas desterrará nuestras preocupaciones y agotamientos para siempre con un chasquido de los dedos.

No obstante, lo que sí pueden hacer es abrir nuestros corazones para ver que Dios ha estado ahí todo el tiempo, esperando pacientemente para encontrarnos en medio de nuestras complejidades y ansiedades. Y a la luz de la presencia de Dios con nosotros, recordamos que los monstruos que temíamos nunca existieron después de todo.

Recuerda, cuando le dije a Coulter que los monstruos no eran reales, eso no lo ayudó. Lo que lo ayudó fue sentarme con él y abrazarlo. Dios nos ofrece esto, mañana tras mañana. Él es quien se sienta a nuestro lado, rodea con su brazo nuestro cuerpo cansado y nos invita a unirnos a Él en oración.

Hábito de despertar 2: Convierte en un hábito mirar las Escrituras antes de mirar tu teléfono

Los neurólogos dicen que todos nacemos buscando a alguien que nos esté buscando.[7] Esta es una hermosa forma de describir lo que sucede cuando la mirada de un recién nacido se encuentra con la mirada de una madre. La neurobiología interpersonal sugiere que este momento es realmente tan asombroso como creemos. En ese instante, dos cerebros se están cambiando el uno al otro. No importa el trauma del nacimiento, en esta primera mirada, ambos sienten lo mismo: *aquí está el que he estado buscando.* En sus miradas, el mundo estará bien. Este es un momento sobrecogedor del que nunca nos recuperamos del todo.

Yo diría que todos pasamos el resto de nuestras vidas en diferentes iteraciones de este momento, y la mañana es uno de esos patrones repetitivos.

---

7. Estoy en deuda con Curt Thompson no solo por esta idea, sino por mi comprensión general de cómo los conocimientos modernos de la neurobiología interpersonal se entrelazan con la espiritualidad cristiana. Notarás una corriente subyacente de ciencia cerebral y neurología a lo largo de este libro. No intento poner notas a pie de página en cada frase, pero en general mi comprensión de la neurología y el desarrollo infantil ha llegado a través de *El cerebro del niño* y algunos otros libros de Daniel J. Siegel. Estos libros son extremadamente útiles, pero es mejor leerlos a través de la lente cristiana del alma de Curt Thompson. Consulta sus libros *Anatomy of the Soul: Surprising Connections between Neuroscience and Spiritual Practices That Can Transform Your Life and Relationships* (Carol Stream, IL: Tyndale, 2010) y *The Soul of Shame: Retelling the Stories We Believe about Ourselves* (Downers Grove, IL: InterVarsity Press, 2015).

Cada mañana nacemos de nuevo en el mundo, y cada mañana nos despertamos buscando a alguien que nos esté buscando. Estamos hambrientos de la mirada de alguien que nos ame. La buscaremos por todas partes y en cualquier lugar, tratando de encontrar algo que llene ese vacío en forma de Dios (y del tamaño de Dios) que hay en nuestros corazones.

Esto es lo que hacemos cuando dirigimos nuestra mirada a la pantalla a primera hora de la mañana. La condición humana es no estar seguros de nuestra identidad. Y como no estamos seguros de quiénes somos, cuando miramos los correos electrónicos o las redes sociales, nuestros corazones cansados no pueden evitar buscar si hay algo que llene ese vacío. Por eso es tan fácil convertir la respuesta a los correos electrónicos del trabajo en una forma de justificar nuestro sentido de autoestima, o convertir el desplazamiento por las redes sociales en una liturgia de comparación. Buscamos a alguien que nos busque a nosotros. El problema es que nunca lo encontraremos en la pantalla.

El *software* de reconocimiento facial es una de las tecnologías más reveladoras espiritualmente que se nos han presentado. Todo lo que tenemos que hacer es dirigir nuestra mirada a la pantalla y, como el rostro de una madre, se ilumina con nuestra mera atención. Sin embargo, extrañamente y de manera un tanto trágica, no hay mirada que nos sea devuelta. Solo existe el extraño resplandor azul de nuestros propios reflejos fracturados. Y estos pueden convertirse en los monstruos que nos persiguen.

Vemos los extraños reflejos de nuestros propios miedos en las noticias de la mañana. Vemos las nebulosas visiones de quiénes desearíamos ser mientras nos desplazamos por las redes sociales. Vemos las refracciones de nuestras ambiciones y preocupaciones en los correos electrónicos del trabajo y las listas de tareas. La tragedia, por supuesto, es que buscamos a alguien que nos mire y no hay nadie. No es de extrañar que nuestros corazones empiecen a llenarse de miedo. No es de extrañar que nuestros dedos empiecen a temblar del nerviosismo. Tal vez si me desplazo más rápido y más lejos, encuentre algo que calme la sensación interior de que todo no va bien. Pero en el fondo del flujo de contenido solo hay más flujo de contenido, la tentación de deslizar la pantalla una vez más. El corazón gira por un callejón sin salida, solo para encontrar otro callejón. ¿No es extraño pensar que no hay un final? Solo sigue y sigue. No es de extrañar que nuestros corazones se pierdan.

Lo que necesitamos, por supuesto, es un Padre. Alguien que nos quite el teléfono de las manos con cuidado y nos diga que las redes sociales nunca tuvieron la intención de satisfacer nuestros deseos infinitos; al contrario, están programadas para sacar provecho de ellos. Como la promesa de un mentiroso o del peor amante, solo estiran tu corazón tanto como pueden. Estabas destinado a romperte, y por eso lo hiciste. Es una mala historia de amor. Y todos necesitamos salir de ella.

Una de las mejores maneras de hacerlo es cultivando el ritual matutino de ignorar tu teléfono hasta después de haber encontrado la mirada de Dios en las Escrituras.

Leer las Escrituras antes de usar nuestros teléfonos es otra pequeña forma de modelar la mañana según la realidad del amor de Dios. Sin embargo, con lo adictivos que son los teléfonos, este es probablemente uno de los hábitos más difíciles de mantener en casa. Al volver nuestra mirada a las Escrituras, volvemos nuestra mirada al rostro de Dios, y lo encontramos mirándonos.

En una casa llena de niños, esto parecerá muy complicado. Idealmente, seguir la rutina de acudir a la Escritura antes que al teléfono significa que me levanto primero que ellos, teniendo unos minutos para leer y reflexionar antes de que se despierten. Pero, por supuesto, esa no es siempre la realidad, y es importante saber que eso está bien. A veces, incluso resulta mejor, porque una de las formas en que enseñamos los hábitos del hogar es dejando que los niños observen nuestros hábitos e invitándolos a ellos a participar. Algunas mañanas esto se traduce en escuchar un salmo mientras mantengo en mi regazo a un niño que sostiene una taza de leche.[8]

---

8. ¿Es irónico que escuche las Escrituras en mi teléfono mientras ignoro mi teléfono? Al principio, pero en realidad no. Redimir nuestro uso de la tecnología no consiste tanto en desterrarla como en cultivar los patrones de usarla bien.

Él está invitado a la rutina. En ocasiones, significa leerle en voz alta una historia de la Biblia a uno de ellos. Muchas, muchas mañanas significa que también reciben un libro o una página para colorear, y tenemos unos minutos de silencio antes de empezar el desayuno.

A veces me siento tentado a pensar: «¿Esto en realidad importa?». Aunque es totalmente comprensible hacerse esa pregunta, es aún más importante tener en cuenta que esta semilla de duda, si se le da lugar, puede convertirse en una grieta en los cimientos de las rutinas más fuertes. Así que, en teoría, me pregunto esto, pero en la práctica, sé la respuesta: «Sí. Siempre son las rutinas más pequeñas las que construyen los cimientos más fuertes».

La Palabra de Dios es realmente cierta y las promesas de Dios al respecto son realmente reales. Esta no vuelve a Él vacía. Perfora el corazón. Revela. Leer las Escrituras es un mandato *y* una invitación por una razón: nos cambia. Además, según resulta, los hábitos son formativos, los patrones nos programan y las rutinas son liturgias. Convertir en un ritual el hecho de prestarles atención a las Escrituras por la mañana implica otras mil cosas en las que no pensaste ni tenías la intención de hacer: significa que tu teléfono inteligente no está ahí distrayendo tu cerebro con descargas de dopamina. Significa que tomarse un momento y hacer una pausa es normal en tu ritmo de vida. Significa que estás leyendo lentamente las Escrituras y empezando a aprenderlas. Significa que estás sumando mañanas en las que haces lo que dijiste que ibas a hacer, honras tu conciencia y emites un pequeño voto de hábito a favor de convertirte en el tipo de persona que estás llamado a ser.[9]

Así es como las cosas pequeñas se convierten en las grandes, y las pequeñas rutinas son las más profundas.

---

9. Es fascinante observar que los escritores populares sobre la psicología del hábito señalan exactamente lo mismo que la tradición de la enseñanza cristiana sobre las disciplinas espirituales: que nuestra identidad interior está profundamente ligada a nuestros hábitos externos. James Clear, en su libro *Hábitos atómicos* (Barcelona: Planeta, 2020), señala este poder de adición de las pequeñas cosas y afirma que, en última instancia, los hábitos nos hacen quienes somos. Él escribe: «Cada acción que realizas es un voto para el tipo de persona en la que deseas convertirte. Literalmente, te conviertes en tus hábitos».

Sin embargo, por encima de todo eso, estamos desbloqueando algo más con nuestra mirada. Al volver nuestro rostro hacia las Escrituras, miramos y encontramos a un Dios que nos devuelve la mirada. Encontramos al Padre que queremos imitar. Sobre todo, acudimos a las Escrituras porque queremos parecernos más a Él, y a su vez nuestros hijos, que por defecto se están pareciendo más a nosotros, también se parecen más a Él.

Hábito de despertar 3: Practica un breve momento de reunión en familia

Los horarios nos moldean. Por lo general, la mejor manera de darse cuenta de esto es observar lo que sucede cuando no están presentes.

En 2020, cuando la pandemia del COVID-19 paralizó inesperadamente todas nuestras rutinas, muchos de nosotros nos encontramos sin horarios. Por un breve momento, esto fue liberador. De repente, no teníamos que estar en ningún sitio a una hora determinada, pero la realidad no tardó en imponerse. Yo todavía tenía que trabajar y los niños todavía tenían que estudiar, pero sin reuniones matutinas y sin el timbre de la escuela, caímos en este vacío sin forma de la mañana. Me costó encontrar el límite entre cuándo dejar el desayuno y empezar a trabajar. Sin el viaje a la escuela, los niños no tenían un momento que los hiciera pasar del tiempo libre al tiempo de estudio.

Rápidamente, Lauren y yo nos dimos cuenta de que necesitábamos planificar un nuevo horario, no solo para darles forma a las mañanas, sino también para darles sentido. Una cosa que empezamos, casi por accidente, fue un breve momento de oración matutina juntos.

Empezó como una forma de comenzar el día escolar en casa, reuniendo a los niños alrededor de la mesa para orar antes de que comenzara la escuela virtual. Como esto se convirtió en una rutina para su día escolar en casa, Lauren me preguntó una mañana si quería unirme, y pensé que podía esperar dos minutos más para ir a trabajar, ¿por qué no quedarme entonces?

Así que empezamos a reunirnos en la cocina o a veces junto a la puerta principal y Lauren nos guiaba a través de una breve oración. Esto, como te puedes imaginar, no estaba exento de contratiempos. Formar un círculo tomados de las manos parecía una tentación irresistible para que los más pequeños vieran si podían tirar de los mayores. Lo que a su vez era una invitación para que los mayores les demostraran a los pequeños que podían jugar a ese juego. A menudo, uno o dos pequeños pensaban que estar de pie en círculo significaba que nos estábamos preparando para jugar «A la rueda, rueda». (Te puedes imaginar su decepción al darse cuenta de que era solo para orar).

Y por supuesto, también hubo muchos encogimientos de hombros y preguntas como «¿Tenemos que hacer esto?». Sin embargo, esos son los riesgos de las rutinas. Ya sea que intentes que todos coman sus verduras o que se abrochen los cinturones de seguridad, los hábitos más importantes siempre serán fuente de preguntas y quejas, pero los padres perseveran. Recuerda, para eso estamos aquí.

A medida que esto se convirtió en un hábito, las cosas se fueron normalizando. Una vez que todos nos hemos dado la mano y ha descendido la calma (al menos relativa), Lauren dirá algo como estas palabras: «Padre, Hijo y Espíritu Santo, gracias por este día». Y todos lo repetiremos. Luego ella dirá: «Bendícenos mientras trabajamos, estudiamos y jugamos». Y nosotros también lo decimos. Ella continúa: «Acompáñanos, y en todo lo que hagamos, que te demos gloria y honor». Y nosotros la seguimos.

A veces los chicos repiten con entusiasmo después de ella; otras veces arrastran los pies como prisioneros camino a su ejecución. Pero siempre hay un breve momento en el que la familia se reúne en oración antes de salir de casa.

Cuando este nuevo patrón comenzó a establecerse, casi de inmediato me di cuenta de que algo más estaba sucediendo. Nuestra unión marcaba el momento entre el final del desayuno, el acto de vestirse y la preparación, y el comienzo del día de trabajo, aprendizaje y servicio. Ya lo habíamos hecho previamente, pero antes era la frenética llamada a todos para que «se subieran al coche» o «se fueran al autobús». Ahora la oración nos estaba haciendo la transición, y Lauren y yo empezamos a sentir cómo nos estaba moldeando este nuevo horario.

Al cabo de un tiempo, empecé a darme cuenta de que antes el monstruo de «llegar a tiempo» nos había perseguido y había impulsado la mayoría de los detalles de nuestra rutina matutina. De hecho, recuerdo que durante los primeros meses de guardería de Whit, todas las mañanas nos preguntaba en el coche si íbamos a llegar tarde. Parecía preocupado por ello. Al final me di cuenta de que estaba haciendo lo que hacen los niños: adoptar los miedos de sus padres e interiorizar una versión propia de ellos. El ajetreo del hogar le había enseñado implícitamente que la mañana era un momento para apresurarse y preocuparse de si uno de nosotros estaba haciendo que el resto llegáramos tarde.

Todavía hay mucho que hacer y muchos lugares a los que ir. Eso no ha cambiado y probablemente nunca lo hará. Pero la oración matutina ha transformado la forma en que lo experimentamos. Ha llegado a servir como una manera diferente de establecer la pauta para el día. Ahora la rutina ha tomado el momento de prisa y apresuramiento y lo ha reemplazado con un momento de oración: nos envían a vivir nuestro día con un propósito. No nos apresuramos a vivir el día simplemente porque tenemos que hacerlo.

Ya sea la oración matutina u otra cosa, un momento de reunión puede servir como un poderoso recordatorio para padres e hijos de que no solo comenzamos el día con el amor de Dios, sino que somos enviados a amar. Esto es un reflejo del movimiento de la iglesia. Nos reunimos para ser enviados. Así es como imitamos el movimiento misionero del cuerpo de Cristo; el Señor nos acerca para enviarnos lejos.

Este tipo de movimiento puede ser imitado y variado de muchas maneras: podría ser compartiendo un desayuno familiar y devociones, como recuerdo de mi infancia. Podría tratarse de una oración que se hace durante el viaje en coche cada mañana. Aunque podría llevarse a cabo de muchas formas, creo que es importante prestarle atención a este movimiento de reunión y envío, porque sin él, solemos estar desgastados y dispersos por las prisas, en lugar de reunidos y enviados con amor.

Los hábitos como surcos de gracia

Ser capaz de ver la realidad tal como es no es poca cosa. No es algo que se dé por sentado. Ciertamente no en una de las fases más difíciles de la vida, que es la crianza de los hijos. No hay cansancio como el cansancio de un padre. Y eso no es solo una realidad física, es una realidad espiritual, por lo que los padres necesitamos desesperadamente hábitos que nos ayuden a correr las cortinas y despertar nuestros corazones adormecidos a la luz de Jesús.

La crianza de los hijos clama por una forma de ver. Una forma de ver el significado de los momentos que pasan ante nosotros, y una forma de administrar nuestras familias al administrar esos momentos. Nadie tiene esta claridad de visión o agudeza mental día tras día para ver la realidad tal como es, por eso necesitamos estos hábitos. No nos aferramos a los hábitos para demostrar lo buenos que somos en esto que llamamos crianza de los hijos, nos aferramos a los hábitos porque sabemos que, de lo contrario, somos muy malos en ello.

A medida que las rutinas de la gracia convierten las disciplinas espirituales en hábitos, nos sacan de momentos en los que de otra manera nos sentiríamos agotados y fracasados, guiándonos hacia la fuerza y el amor de Dios. Esta es, por supuesto, la característica distintiva de la gracia de Dios: nos encuentra en la debilidad y nos protege de nosotros mismos. Y esto es exactamente lo que un padre necesita mañana tras mañana.

HÁBITOS DEL DESPERTAR

FORMANDO PADRES

La idea principal

Despertar es una realidad tanto espiritual como física. No podemos ser buenos padres de nuestros hijos hasta que seamos hijos de Dios. Las disciplinas espirituales nos ayudan a correr las cortinas y ver la realidad tal como es. El objetivo es despertar a la realidad del amor de Dios por nosotros y ser enviados a ser padres en esa realidad.

Recuerda, tú ya tienes algún tipo de disciplina espiritual que inicia tu mañana. Considera esos hábitos y piensa si te están disciplinando en el amor o la prisa, en la gracia o la ansiedad.

Las Escrituras antes del teléfono

Junto con tu cónyuge, comprométete a una serie de prácticas que hagan un hábito de ignorar tu teléfono por la mañana y acudir a las Escrituras en su lugar.

Consejos para empezar:

- Pon tu teléfono en modo «No molestar» para no ver las notificaciones al despertar. Puedes también poner una alarma o cambiar el fondo de pantalla de tu teléfono para recordártelo.
- Intenta acudir al mismo sofá o silla cada mañana y coloca tu Biblia y tu diario en un lugar cercano.
- Trata de seguir un plan de lectura o un devocional, idealmente con tu cónyuge u otras personas.
- Siéntete cómodo con lecturas y oraciones breves como norma, pero deja que el hábito crezca a tiempos más largos tanto como sea posible los fines de semana o los días no tan ocupados.

- Considera la posibilidad de decantarte por las Biblias impresas, pero cuando utilices una aplicación de Escrituras, utiliza la activación por voz para abrirla y que así no te distraigas con otras cosas en tu teléfono mientras lo haces.
- Cuando estés empezando, dile a un amigo o a tu pareja que estás intentando desarrollar este hábito para que te ayuden a mantenerte responsable. Lo ideal es que lo intenten juntos durante treinta días.
- Explora prácticas como la *Lectio Divina* para guiarte a través de una oración o meditación significativa cuando tengas poco tiempo.
- No te enfades cuando cometas un error. Los hábitos son normas, no reglas, y la gracia es real, no teórica.

> *«Despertar del sueño puede considerarse un hecho, pero despertar a la realidad no lo es».*

Ideas para las oraciones matutinas de rodillas

Brevemente y junto a la cama:

- Señor, gracias por el regalo de otro día. Ayúdame a caminar con tu amor en cualquier tarea a la que me hayas llamado hoy. Amén.
- Señor, gracias por el regalo de un día con aquellos a los que me has dado para amar. Quédate entre nosotros mientras nos divertimos y nos esforzamos por amar. Amén.
- Señor, por favor, ayúdame. Recuérdame tu poder en mi debilidad mientras trato de amar a los demás, a pesar de mi agotamiento. Amén.

Recuerda, no tienes que intentarlo todo a la vez. Un pequeño cambio puede tener un gran impacto espiritual. Elige una cosa para empezar.

Recursos adicionales

The Common Rule: Habits of Purpose for an Age of Distraction, Justin Whitmel Earley

Leccionario Común Revisado

Every Moment Holy, Douglas Kaine McKelvey

La sabiduría de Dios para navegar por la vida: Un año de devocionales diarios en Proverbios, Timothy Keller con Kathy Keller

Una oración de reunión y de envío

Intenta reunir a la familia en algún momento antes de que todos se vayan, unan sus manos y hagan juntos una oración rápida. Uno de los padres puede decir cada frase y los niños pueden repetirla. Asegúrate de que las frases sean cortas y el lenguaje sencillo.

- **Padre, Hijo y Espíritu Santo**, gracias por este día.
- **Bendícenos** mientras trabajamos, estudiamos y jugamos.
- **Mantente con nosotros en todo** lo que hagamos.
- Que podamos traerte **gloria** y honor. **Amén**.

Una nota sobre la adaptación

Tu trabajo o etapa de la vida puede hacer que tu mañana sea bastante diferente. Sin embargo, como regla general, mira a ver si puedes evitar las pantallas y las prisas, y en su lugar adopta una breve disciplina espiritual.

Siempre necesitamos el recordatorio de la gracia: El amor de Dios inspira nuestras acciones, pero nuestras acciones no inspiran el amor de Dios. Nuestros hábitos familiares no cambiarán el amor de Dios por nosotros, pero el amor de Dios por nosotros debería cambiar nuestros hábitos familiares.

CAPÍTULO 2

HORAS DE COMIDA

Un otoño, poco después de que naciera nuestro cuarto hijo, Lauren y yo decidimos que debíamos tomarnos unas minivacaciones en las montañas de Virginia. Un amigo nos había ofrecido una cabaña gratis en la base de los Apalaches, y de alguna manera el encanto de una escapada barata de fin de semana eclipsó la realidad de «vacacionar» con un recién nacido. Las vacaciones con niños pequeños consisten en ir a un lugar pintoresco y trabajar horas extra de crianza. Grandes recuerdos para los niños, pero mucho trabajo para ti. Esto encaja perfectamente en la descripción.

Fue ese sábado por la mañana, sentados en un restaurante con grandes ventanales al pie de las montañas, cuando las cosas empezaron a ir muy mal. Llevar a un niño a un restaurante es siempre jugar al juego de la gallina con el azar, y nosotros habíamos traído cuatro, uno de ellos un bebé. Las probabilidades no estaban a nuestro favor, y se notaba sobre todo en el rostro de nuestra camarera. Por sus labios fruncidos parecía que no pensaba que nuestros hijos fueran tan encantadores como nosotros lo creemos, ni le impresionaba que intentáramos esta hazaña heroica. Francamente, parecía que no quería tratar con todos nosotros en esa particular mañana de sábado. Por cierto, yo tampoco quería hacerlo. Pero ahí estábamos. Así que nos pusimos manos a la obra.

Ella ni siquiera nos había dado los menús y ya un niño había perseguido a otro alrededor de la mesa y *varias piezas* de cubertería se habían caído (¿lanzadas?) al suelo, como si se tratara de enfatizar el hecho de que este moderno y elegante restaurante de montaña, con pisos de cemento desnudo y grandes vigas de madera, parecía estar diseñado específicamente para amplificar y hacer eco del ruido de los niños. En medio del caos, Lauren estaba sentada al otro extremo de la mesa, cuidando de nuestro recién nacido, Shep, y me dedicó esa sonrisa que decía alegremente: «¿Qué esperas que haga? Estoy ocupada». Así que me tocaba a mí.

Demasiado orgulloso para admitir la derrota, comprar unas donas malas en una gasolinera y volver a nuestra cabaña gratuita con nuestra dignidad intacta, utilicé mi voz grave y potente para intentar llamar la atención: «¡Chicos! ¡Cálmense!». Funcionó durante un momento, hasta que recordé que este restaurante estaba diseñado para hacer eco. Avergonzado, cambié de táctica.

«¡Nuevo juego!», dije. «¿Juego?», repitieron al unísono. Ahora había conseguido su atención, pero aún no tenía una idea. «¡Sí! Juego. Se llama...». Ojeé la mesa; lo que tenía más cerca era la pimienta. «¡El juego de la pimienta!».

«¡El juego de la pimienta!», gritaron todos. Los ecos lo repitieron varias veces.

«Ahora bien, la forma de jugar al juego de la pimienta es que solo una persona tiene la pimienta. Y lo que resulta muy importante es que *no se puede hablar* a menos que se tenga la pimienta». Una sombra de complicidad cruzó sus rostros, porque no les divierten los juegos de «no hablar». «¡Pero!», interrumpí rápidamente, «cuando *se tiene* la pimienta, *hay que* hablar. Y hay que responder a una pregunta. Así que la primera pregunta es... ¡el postre favorito!». Antes de que tuvieran tiempo de objetar, coloqué la pimienta delante de Ash. «¡Ash, empiezas tú!».

Le fuimos dando la vuelta a la mesa y cada uno eligió un postre. Luego siguió Whit. Eligió sus películas favoritas. Repasamos animales, primos, cereales, las Tortugas Ninja y otras cosas antes de que llegaran los panqueques, y al final, el desayuno se salvó. Apenas.

Todavía hubo muchas travesuras y la obligatoria frase «siento mucho todo eso». Pero en algún lugar entre el almíbar derramado y las salchichas caídas hubo un ritmo de pasar la pimienta y responder preguntas.

Desde entonces, he repasado esa mañana una y otra vez en mi mente. Una apariencia de conversación se erguía como una pequeña barandilla entre nosotros y el caos total. Era solo un pequeño patrón de conversación, y uno que tenía que ser practicado y aprendido a través de un juego apto para niños, pero cambió las cosas. En un nivel más profundo, pensé en mi familia numerosa y en las mesas ruidosas y abarrotadas que hacen la vida tan rica. Me llamó la atención que la diferencia entre las personas que viven juntas y las familias amistosas reside en el ritmo de la conversación a la hora de las comidas.

Comida y conversación en la historia de Dios

En la historia de Dios, comer no es solo una rutina diaria de atiborrarnos de comida que nos permite sobrevivir: es un ritual de comunión con los demás que nos permite prosperar.

Es sorprendente lo mucho que la Biblia habla de la comida como un asunto espiritual. A veces la comida en la Biblia nos muestra que Dios es un proveedor fiel.[1] A veces nos revela que Dios es un anfitrión generoso.[2] A veces nos enseña sobre nuestra hambre de algo más.[3] A veces nos dice cómo será la comunión con Dios.[4] Sin embargo, rara vez la comida se trata solo de nutrición física; siempre tiene que ver con conducirnos hacia una relación con Dios y los demás.

---

1. Génesis 1:29-31 y 9:1-5.
2. Salmos 23:5, «Dispones ante mí un banquete...».
3. Mateo 4:4, «No solo de pan vive el hombre, sino de toda palabra que sale de la boca de Dios».
4. Juan 6:35 (LBLA), «Jesús les dijo: Yo soy el pan de la vida; el que viene a mí no tendrá hambre, y el que cree en mí nunca tendrá sed».

Para la familia, ver el papel de la comida en la historia de Dios significa que vemos la comida en términos de su objetivo final: *la relación*. Eso indica que la familia que quiere que sus integrantes se conviertan en amigos necesita tomarse en serio los ritmos de la comida y la conversación.

No obstante, la idea de que los patrones de conversación a la hora de las comidas son hábitos fundamentales del hogar presupone algo mucho más básico: que coman juntos.

Venir a la mesa como un hábito espiritual fundamental de la familia

No es un hecho absoluto que una familia coma junta, pero una de las cosas más amorosas que puedes hacer por tu familia es simplemente sentarte, a la misma hora, en el mismo lugar, y comer juntos.

Esto es una sabiduría bien estudiada. Numerosos estudios han relacionado las comidas familiares con todo tipo de resultados positivos en las familias, desde mejores resultados académicos hasta un mejor comportamiento y una reducción del consumo de drogas y alcohol.[5] También he escuchado que lo que tienen en común la mayoría de los académicos de Rhodes es que sus familias comían juntas. Pero esto no es solo una cuestión de currículums y resultados académicos, los efectos de las comidas regulares son profundamente espirituales. Por ejemplo, Don Everts y el Barna Group descubrieron en su estudio de hogares cristianos que las

---

5. Véase, por ejemplo, Marla E. Eisenberg et al., «Correlations between Family Meals and Psychosocial Well-Being among Adolescents» [«Correlaciones entre las comidas familiares y el bienestar psicosocial en los adolescentes»], *Archives of Pediatrics and Adolescent Medicine* 158, n. 8 (agosto de 2004), pp. 792-96; Marla E. Eisenberg et al., «Family Meals and Substance Use: Is There a Long-Term Protective Association?» [«Comidas familiares y consumo de sustancias: ¿existe una asociación protectora a largo plazo?»], *Journal of Adolescent Health* 43, n. 2 (agosto de 2008), pp. 151-56; Bisakha Sen, «The Relationship between Frequency of Family Dinner and Adolescent Problem Behaviors after Adjusting for Other Family Characteristics» [«Relación entre la frecuencia de las cenas familiares y los problemas de conducta en los adolescentes tras ajustar otras características familiares»], *Journal of Adolescence* 33, n. 1 (febrero de 2010), pp. 187-96.

familias que eran «espiritualmente vibrantes» compartían una cosa asombrosa en común: tenían mesas ruidosas.[6]

Para entender por qué algo tan simple como sentarse a la mesa podría ser tan significativo en tantas áreas, tenemos que entender la idea de un hábito clave.

Un hábito clave es aquel que sustenta muchos otros buenos hábitos. El ejercicio es un ejemplo clásico. Los estudios encuentran constantemente que los participantes a los que se les pidió que hicieran ejercicio, incluso tan poco como una vez a la semana, comenzaron sin que se les indicara a comer mejor, dormir más, fumar menos, etc.[7] Al parecer, es simplemente un fenómeno humano que cuando nos comprometemos con ciertas cosas más pequeñas, muchas otras cosas se acomodan.

Esta es una sabiduría fundamental para los padres. Significa que nosotros, los padres que queremos modelar en nuestros hogares la formación evangélica, no debemos buscar solo esa conversación espiritual única que esperamos que nuestros hijos recuerden, sino que debemos modelar en nuestros hogares el tipo de ritmos familiares clave que convierten a los niños en discípulos de Jesús.

Sentarse a la mesa para hablar es uno de esos hábitos clave.

Para visualizar esta importancia, considera una cena familiar a través de la lente práctica en comparación con la lente litúrgica.

Ver los hábitos familiares a través de la lente litúrgica

No quiero idealizar en exceso la idea de que sentarse a hablar con los niños es fácil (o incluso agradable). Muchos días es muy difícil, un desastre, y francamente una pesadilla logística.

---

6. Don Everts, *The Spiritually Vibrant Home: The Power of Messy Prayers, Loud Tables, and Open Doors* (Downers Grove, IL: InterVarsity Press, 2020). Tenga en cuenta que también descubrieron que esas familias tenían hábitos de hospitalidad y oración, temas que retomaremos en capítulos posteriores.

7. Charles Duhigg, *El poder de los hábitos* (Barcelona: Editorial Urano, 2012), p. 133

Sin embargo, así como las rutinas matutinas nos ayudan a correr las cortinas y ver la realidad tal como es, muchos otros hábitos del hogar revelan la naturaleza de la adoración espiritual que tiene lugar en los hábitos más comunes del hogar.

Le llamaré la «lente litúrgica». En pocas palabras, la lente litúrgica es la idea de tener los ojos para ver la adoración espiritual vinculada a un hábito que no creíamos que fuera espiritual en absoluto.[8]

La cena familiar a través de la lente práctica

Uno podría suponer que una cena familiar comienza con sentarse a la mesa. Para nada. Como en un río, hay todo tipo de afluentes que fluyen río arriba y que deben unirse para hacer que esto suceda. Antes de que ocurra algo, Lauren ha emprendido la interminable tarea de comprar comestibles y ha soportado la constante carga mental de planificar las comidas. Yo he vuelto a casa corriendo del trabajo a pesar de que tenía que enviar cuatro correos electrónicos antes de terminar la jornada laboral (que ahora serán tareas para después de que los niños se acuesten).

Llego a casa y me reciben con los típicos placajes y puñetazos que son el saludo habitual de los niños. En este punto, Lauren le ha dicho mil «todavía no» a la devastadora manada de niños que han suplicado y rogado por otro bocadillo antes de la cena, pero cuando empezamos a llevar a dicha manada a la mesa, de repente tres de cada cuatro tienen una epifanía de algo más que quieren hacer y se dispersan. Volvemos a tocar la campana de la cena, sacamos a uno de detrás de un sofá, quitamos juguetes de las manos, gritamos amenazas por la escalera y otras cosas por el estilo.

Una vez sentados, saco los fósforos para encender nuestra vela, que es nuestro pequeño ritual que señala el comienzo de la

---

8. Para profundizar en la idea de ver con una lente litúrgica, véase la obra de James K. A. Smith en los tres libros *Desiring the Kingdom: Worship, Worldview, and Cultural Formation* (Grand Rapids, MI: Baker Academic, 2009), *Imagining the Kingdom: How Worship Works* (Grand Rapids, MI: Baker Academic, 2013), y *Awaiting the King: Reforming Public Theology* (Grand Rapids, MI: Baker Academic, 2017). Estoy en deuda con su trabajo por mi comprensión de la naturaleza litúrgica de los hábitos.

cena. Se desata una pelea sobre quién la encenderá. Declaro que solo yo la encenderé. Las quejas llegan como la marea. Enciendo la vela mientras todos decimos: «Cristo es luz». Se desata una pelea sobre quién apagará la cerilla. Declaro que el más pequeño, Shep, lo hará. Las quejas vuelven a escucharse.

—Oremos —digo. Nos damos la mano—. Jesús, te damos las gracias...

—¡Para, Ash! —grita Coulter. Ash parece desconcertado—. ¡Está agarrando mal mi mano! —grita de nuevo Coulter.

—De acuerdo, hagámoslo bien —digo con los dientes apretados.

Apenas hemos terminado de decir «Amén» en coro, el miedo se apodera de nosotros. Todos los hombres de la mesa, incluyéndome a mí (es decir, todos los que están en la mesa excepto Lauren, Dios la bendiga), de pronto nos preocupamos de que no tengamos suficiente comida y comenzamos a agarrar cosas. Cuando empezamos a comer, Coulter menciona que odia las batatas. Hacemos un recordatorio para todos de que no hablamos de cosas que no nos gustan en la mesa: solo hablamos de las cosas que nos gustan.

Lauren le pregunta a Whit cuáles fueron sus «rosas y espinas» del día, que es nuestra jerga para designar los altibajos del día. Whit empieza a responder, pero Ash derrama el agua accidentalmente.

—No pasa nada, solo límpialo —decimos Lauren y yo con voz cansada y monótona.

Ash seca el agua de la mesa con una toalla mientras Whit habla sobre algunas creaciones de LEGO que ha construido, y Coulter interviene con un extenso monólogo sobre su rosa, que consistió en una pelea con su primo. (Al parecer, lo disfrutó).

—¿Cuál fue tu rosa, mamá? —le pregunto a Lauren. Pero soy interrumpido porque Shep de repente da un golpe con su tazón sobre la mesa en señal de que ha terminado. Hay una impresionante lluvia de trozos de comida en su esquina de la mesa. Lo regañamos, pero luego lo excusamos para que vaya a jugar; Ash quiere unírsele, pero le recordamos que aún no ha compartido sobre su día.

Con Shep jugando al otro lado de la habitación, por fin conseguimos intercambiar unas pocas palabras. Lauren habla de un correo electrónico que recibió sobre uno de sus proyectos de consultoría y durante dos o tres minutos nos aproximamos a lo que podría considerarse una conversación. Y eso es todo, porque luego es hora de limpiar. Ash protesta: «¿Tenemos que limpiar otra vez?».

Lauren lleva a los dos pequeños hacia la bañera mientras yo les asigno tareas a los dos mayores, las cuales realizan con diversos grados de éxito.

Cuarenta y cinco minutos después, aquí estamos: medio agotados y obligados a limpiar los resultados de su «limpieza», solo para poder repetir todo el asunto mañana. Uno podría preguntarse, ¿por qué someterse a semejante esfuerzo noche tras noche?

Porque mientras lo normal ocurre, otras cosas ocurren también, y vale la pena correr las cortinas metafóricas ahora y verlo a través de la lente litúrgica.

La cena familiar a través de la lente litúrgica

En primer lugar, ten en cuenta que la cena familiar no es en absoluto práctica. Es mucho más eficiente que cada uno de nosotros tengamos una cena de microondas en nuestros propios horarios variados. Pero los afluentes de la planificación que conducen a este momento de la cena familiar señalan algo: que compartir, no consumir, es el centro de gravedad del hogar. Así que sincronizamos nuestros horarios, aunque no sea fácil. Las actividades extraescolares, los deportes, los momentos divertidos y las reuniones nocturnas siempre intentarán competir, pero ninguno de ellos es nuestro centro de gravedad. La familia no puede girar en torno a estas cosas; son estas cosas las que deben girar en torno a la familia.

Cuando encendemos una vela, la atención física llama a la atención mental. Todos miramos la misma pequeña explosión de una cerilla. Olfateamos el humo, la vemos arder. Resulta que a los niños les gusta el fuego. El fuego indica que algo está sucediendo aquí. Y así es. La más ordinaria y sagrada de las tradiciones se está desarrollando: la cena familiar está comenzando.

«¡Cristo es luz!», proclamamos, colocando la vela en medio de la mesa. Claro, la profundidad de la declaración se pierde en el caos. Pero estas cosas no se tratan de un momento, se tratan de una suma de momentos que se convierten en nuevas normas. Ahora no puedo ver una vela encendida sin escuchar en mi cabeza el eco de los niños diciendo «Cristo es luz». Son como pequeñas piedras teológicas que llevamos en nuestros bolsillos y jugamos con ellas en las manos en nuestros ratos libres.

Cuando nos damos la mano, recordamos que el contacto humano es importante. Los cuerpos requieren cuidado. Los corazones también. Practicamos el acercamiento mutuo de manera que nos honremos y simbolicemos nuestra unidad.

Luego oramos. Esta es una de las veces en que la familia ora junta a lo largo del día. En las palabras de la oración se nos recuerda que la gratitud es el latido de nuestra vida comunitaria. ¿Por qué tenemos comida cuando tantas personas no la tienen? ¿Por qué la mesa está llena de cosas que murieron para que nosotros pudiéramos vivir? ¿Por qué murió Cristo para que nosotros pudiéramos vivir? Estos misterios sacramentales nos rodean un martes por la noche cualquiera.

Al pasar los platos, practicamos la gratificación aplazada. Al agradecer la comida, practicamos el poder de las palabras de aliento. Al retener las críticas, practicamos la virtud del silencio y recordamos que hay muchas cosas que creemos que no vale la pena decir. En rosas y espinas y preguntas y juegos de pimienta, practicamos contar historias, evocar recuerdos, celebrar y simpatizar unos con otros.[9] Practicamos perdonar cuando alguien derrama algo (¡otra vez!). Y al esperar en la mesa hasta que este-

9. Ten en cuenta que hablar de «rosas y espinas» y «altibajos» con los niños conlleva un eco del examen, la clásica disciplina espiritual de meditar en un día y preguntarse dónde estuvo presente el Señor o dónde se sintió ausente. Los hábitos que pueden parecer inanes en realidad cultivan un terreno importante en el corazón de nuestros hijos. Considera más sobre la práctica del examen en el libro de Adele Calhoun, *Spiritual Disciplines Handbook: Practices That Transform Us* (Downers Grove, IL: InterVarsity Press, 2015).

mos excusados de levantarnos, practicamos quedarnos incluso cuando no queremos: la raíz del aprendizaje de la lealtad.

Por último, al ayudar a limpiar y reordenar la cocina para el día siguiente, practicamos la verdad de que el don de la vida en comunidad requiere de la ética del trabajo comunitario. Nos acostumbramos a los ritmos de trabajo que se precisan para producir las relaciones que necesitamos desesperadamente. Contempla, pues, la forma en que una ruidosa mesa de comedor resuena con el evangelio. Luz de las tinieblas y oraciones de la boca de los niños. Perdón y gratitud, reconciliación y disciplina. Pero nada de eso es santurronería. Y todo es verdadera liturgia.

Por qué es tan importante ver el hogar a través de la lente de la liturgia

Este libro comenzó con la afirmación de que lo más significativo de cualquier hogar es lo que se considera normal. ¿Por qué esto es tan importante? Porque lo normal es lo que más nos forma, aunque lo notemos menos. Es precisamente la naturaleza poco notable de lo normal lo que le da un poder tan extraordinario. Todos nuestros valores tácitos quedan ocultos bajo el manto de invisibilidad de lo habitual. Pensamos en nuestras rutinas diarias como neutrales simplemente porque las vemos con mucha frecuencia.

Sin embargo, ponernos la lente litúrgica nos permite levantar ese manto y ver lo que está sucediendo cuando creemos que no está sucediendo nada. La lente litúrgica nos permite ver todos nuestros momentos normales como lo que realmente son: momentos de adoración a alguien o algo. Esto nos lleva a preguntarnos: «¿Qué adoramos exactamente cuando suponemos que no adoramos nada en absoluto?».

Entender que los hábitos familiares son liturgias familiares clarifica dónde se está llevando a cabo realmente la labor de culto y formación espiritual: *en lo normal.* En su mayor parte, el lugar para esta labor no está en los momentos que reservamos como «espirituales».

Más bien es en los patrones cotidianos desordenados donde se realiza la verdadera labor de crianza espiritualmente formativa.

Para mí, esto es liberador. Solía pensar que necesitaba hacer las cosas cotidianas y quitármelas de encima para llegar al verdadero trabajo espiritual de la crianza de los hijos: una conversación especial en la que realmente sucedería la magia. Pero ahora veo que la magia de la gracia de Dios abunda en los lugares donde más la necesito: en las rutinas normales.

No obstante, esto también es un reto, porque sugiere que tenemos que estar cómodos con el desorden si vamos a tomarnos en serio la formación espiritual. El hecho es que, en familia, si eres reacio a las oraciones desordenadas, entonces eres reacio a la oración. Si no puedes tolerar los derrames, evitarás comer con niños. Si no te gustan los conflictos en las relaciones, no te van a gustar las relaciones. Si no puedes manejar un desorden en la cocina, no puedes manejar la hospitalidad. Si no puedes soportar momentos incómodos, no te gustará mucho la conversación que conduce a los grandes momentos. Y si tienes problemas con las peleas, no serás muy bueno perdonando.

Ver con la lente litúrgica amplía nuestro campo de visión para percibir que el trabajo espiritualmente significativo del hogar no se está llevando a cabo a pesar del desorden, sino a causa de él. También amplía nuestro campo de visión para comprender que el trabajo de la familia es algo más que la familia. La familia puede ser el comienzo de nuestra misión parental, pero no es el final. No podemos hablar del valor de las comidas en el hogar sin hablar del fin natural de tales comidas: la hospitalidad. Pero antes de entrar en materia, permítanme hacer una breve nota sobre la palabra *hogar.*

Sobre la hospitalidad: el hogar es más que la familia nuclear

A estas alturas habrás notado mi preferencia por usar la palabra hogar en lugar de familia, casa u otro término. Hay una razón importante para ello: el concepto bíblico de hogar implica mucho más que el concepto occidental de familia nuclear. Así como la lente litúrgica nos permite ampliar nuestra visión de dónde está obrando Dios, pensar en términos del hogar, en lugar de solo en la unidad familiar, nos anima a pensar en grande sobre cómo Dios está obrando a través de nuestras familias.

La idea bíblica del hogar amplía la familia tanto en dimensión como en dirección. En términos de dimensión, el concepto bíblico del hogar es simplemente más amplio. Incluía a la familia extendida, así como a las personas que estaban económicamente conectadas con tu familia: trabajadores o vecinos de la misma tierra y demás.[10] Pero en términos de dirección, el concepto bíblico de la familia también rechaza la idea de «la familia primero».[11] No nos preocupamos por nuestro hogar porque nuestra responsabilidad es con nuestra línea de sangre y nadie más; esa es una forma encubierta de tribalismo. Más bien, nos preocupamos por la familia porque es a través del hogar que la bendición de Dios para nosotros se extiende a los demás.

La dirección bíblica de la bendición es siempre hacia afuera, no hacia adentro. Somos bendecidos para bendecir a los demás.[12] Esta ética se extenderá a todos los hábitos del hogar que discutimos en este libro, pero no hay mejor lugar para comenzar que en la mesa, porque la mesa es un lugar donde convertimos a los extraños en amigos.

Anteriormente mencioné el escrito de Don Everts sobre la investigación de Barna que demuestra que las mesas desordenadas son fundamentales para una familia espiritualmente vibrante. Resulta que también lo son las puertas abiertas, o más específicamente, la práctica de invitar a los extraños a entrar.

---

10. Everts, *The Spiritually Vibrant Home*, pp. 43-56.

11. Véase el excelente capítulo «La familia no es lo primero», capítulo 4 en Russell Moore, *The Storm-Tossed Family: How the Cross Reshapes the Home* (Nashville: Broadman and Holman, 2018).

12. Génesis 12:2, «Haré de ti una nación grande y te bendeciré; haré famoso tu nombre y serás una bendición».

La hospitalidad ordinaria es hospitalidad radical

Hace unos años, nuestro buen amigo Drew nos preguntó si había alguna manera de involucrarse más en nuestra familia. Drew era soltero, tenía unos treinta años y no contaba con ningún familiar en la ciudad. Aunque agradecí su pregunta, nunca le di seguimiento porque, bueno, con un montón de niños pequeños, la hospitalidad es una tarea realmente abrumadora.

Unos meses más tarde, Drew insistió y volvió a sacarlo a colación.

—Nos encantaría que vinieras a cenar —le dije—, pero no creo que te guste. ¿Te das cuenta de que nuestras cenas familiares son una locura, verdad? Es posible que te den un puñetazo o te salpiquen con comida.

—La hospitalidad no es un entretenimiento —me recordó amablemente—. Solo quiero formar parte de un ritmo familiar normal.

Por un lado, me preocupaba que no supiera en lo que se estaba metiendo, pero por otro, sus palabras eran convincentes. La razón por la que no había aceptado su idea de unirse a nuestro ritmo familiar era porque... bueno, sentía que necesitaba mejorarlo antes de dejar entrar a nadie. Me gustaba la *idea* de que él y otros vinieran, pero cualquier noche en particular parecía demasiado desordenada y agitada. Sin embargo, las palabras de Drew me ayudaron a darme cuenta de que, efectivamente, estaba mezclando entretenimiento y hospitalidad. Entretener a los invitados es lo que haces cuando limpias todo, preparas buenos platos de comida y bebidas, y tal vez consigues una niñera para los niños. En el mejor de los casos, entretener es cuando honramos a nuestros invitados ofreciéndoles una experiencia llena de comodidad y belleza. En el peor de los casos, entretener es cuando nos honramos a nosotros mismos mostrando lo que podemos lograr.

En cualquier caso, la hospitalidad es diferente. La hospitalidad es simplemente abrir la puerta. La hospitalidad es acoger a alguien en medio del desorden más absoluto. Es invitar a alguien al caos porque ahí es donde se forma la verdadera familia. Ahora veo que mi deseo de entretener a Drew en lugar de ser hospitalario con él era, irónicamente, una forma de mantenerlo a distancia de la familia. Querer que las cosas sean perfectas a menudo significa que no pase nada.

Ahora, años después, los jueves por la noche cenamos con Drew. Es el día con planes que no necesitamos confirmar con antelación. Es el día en el que es normal que llegue a casa del trabajo y encuentre a Drew intentando ayudar a controlar una rabieta mientras Lauren se ocupa de algo en la cocina; o viceversa, podría encontrar a Drew cocinando algo en la estufa mientras Lauren persigue a un niño. La casa tiene el mismo aspecto. Es un desastre. La única diferencia es que el tío Drew está en ella, y así es como lo llaman ahora. Y si hay un partido de la liga infantil el jueves por la noche y no cenamos, entonces el tío Drew está allí para verlo desde la línea de la tercera base.

Para Drew, estoy seguro de que la imagen de nuestras encimeras desordenadas, los derrames a medio limpiar en el suelo, la comida seca en la silla del bebé y todo lo demás son cosas normales. Me imagino que así es justo como él piensa que se ve nuestra casa, y tiene razón. Así es. Y muchas de mis imágenes de Drew ahora son desde la terraza trasera, mientras lo veo saltar con mis hijos en el trampolín, o retozar con Shep en la alfombra de la sala, o jugar a las damas con Ash en la mesa de café. En otras palabras, Drew se ha convertido en parte de nuestro hogar, y mis hijos son mejores por ello.[13]

Lo que he aprendido de esto es que, ya sea un amigo, un vecino, una viuda, un niño de acogida o cualquier otra persona, la gente no se une a nuestros hogares solo porque lo deseemos. Ellos se convierten en parte del hogar porque hay un ritmo o un patrón que los invita a entrar.

---

13. Una de las maravillosas ideas del libro de Everts, *The Spiritually Vibrant Home*, y la investigación de Barna que lo respalda es que un factor importante en la crianza de los niños que se mantienen fieles a la fe es tener una relación significativa con un adulto no familiar que siga a Jesús.

Mis amigos que viven a un par de manzanas, Derek y Sue, lo hacen bien. No tienen familia en Richmond como nosotros, así que todos los martes por la noche organizan una cena de espaguetis. Es sencillo y sostenible, y todos los vecinos del barrio y más están invitados. Al igual que nuestra cena permanente con Drew, el ritmo atrae al forastero.

Por lo tanto, las cenas familiares no solo tienen que ver con la formación espiritual de los que están bajo nuestro techo, sino también con formar el hogar en la dirección correcta y tratar de atraer al mundo.

El juego de la pimienta, otra vez

Meses después de aquellas vacaciones de otoño que casi salieron mal, invitamos a cenar a nuestros amigos Barrett y Liza. Acabábamos de sentarnos a comer cuando Whit se levantó de un salto y corrió hacia la encimera de la cocina. Antes de que pudiera regañarlo por levantarse de la mesa sin avisar, regresó con el molinillo de pimienta y se lo entregó a nuestros invitados. «Esto es lo que vamos a hacer», comenzó a explicar. De repente, mi hijo de seis años estaba guiando una cena en el arte de la conversación. No podría estar más orgulloso.

Como la mayoría de los hábitos del hogar, no me aferro a la cena familiar porque sea fácil todas las noches o porque haga que la familia funcione, sino que me aferro a ella porque creo que el ritmo es un hábito fundamental que enseña algo que no podría enseñar solo con palabras.

Mi oración es que mis hijos crezcan no solo sabiendo intelectualmente que la mesa es el centro de gravedad de las relaciones, sino que crezcan sintiéndolo porque han interiorizado el ritmo durante mucho tiempo. Mi oración es que dentro de algunas décadas sigamos comiendo juntos y que haya muchos más que nosotros en la mesa, familiares y amigos.

HÁBITOS DE LAS HORAS DE COMIDAS

FORMANDO FAMILIAS

Idea principal

Sentarse a la mesa es el hábito clave para entablar relaciones. Cuando hacemos de la mesa el centro de gravedad, esto no solo ayuda a poner orden en el hogar, sino que atrae a los demás, convirtiendo a los extraños en amigos.

Enciende una vela

Las velas ayudan a marcar momentos, especialmente para los niños. Ten una vela especial y cerillas en la mesa para un ritual de inicio. Deja que los niños participen, aunque sea un poco desordenado. Al encenderla, todos digan: «Cristo es luz».

Hábitos de conversación para la mesa

Los niños, como nosotros, aprenden a hablar y escuchar por medio de los hábitos que observan. Intenta cualquiera de los siguientes consejos como normas para enseñar la práctica de la conversación.

Cosas que intentar:

- Los dispositivos electrónicos, para padres o hijos, no se permiten en la cena, ni siquiera en los bolsillos o sobre la mesa. Se silencian y se guardan en otro lugar.
- Pasa la pimienta, o algún otro objeto, y haz que todos respondan a la misma pregunta. Después de darle la vuelta a la mesa una vez, pídele a la siguiente persona que haga una nueva pregunta.
- Para familias más grandes con niños mayores, prueba la «regla de una sola conversación», lo cual significa que pueden hablar de cualquier cosa, pero todos tienen que

estar hablando de lo mismo en lugar de tener múltiples conversaciones paralelas.

- Intenten seguir una rutina en la que todos respondan el mismo conjunto de preguntas: por ejemplo, compartir una cosa buena y una cosa mala. Quizás se puede añadir una cosa graciosa para el humor. Si se trata del desayuno, haz que cada uno comparta algo que le entusiasme para el día.
- Como padres, intenten contar historias sencillas sobre su día. El arte de aprender a tomar la vida y convertirla en historias es algo que los niños pueden asimilar en la mesa.
- Hagan preguntas específicas. En lugar de preguntas generales como «¿Qué tal la escuela?», que pueden responderse con una sola palabra, pregunten «¿Con quién has jugado hoy?», «¿Qué es lo que has hecho bien hoy?» o «¿Qué es lo que te ha enfadado hoy?».

> *«La diferencia entre las personas que viven juntas y las familias cuyos integrantes se convierten en amigos está determinada por los ritmos de conversación a la hora de comer».*

La hospitalidad y abrir la mesa

El hogar se amplía al invitar a personas a la mesa.

Cosas que intentar:

- Si puedes, ten una mesa que siempre sea lo suficientemente grande como para colocar una silla extra.
- Recuerda que las invitaciones permanentes (como tener un invitado todos los martes) son mucho más hospitalarias que invitar a alguien de vez en cuando.
- Lo ideal es dejar que los invitados traigan algo y ayuden a limpiar si quieren. Invitar a la gente a la preparación y el

desorden significa que los estamos invitando a la casa, no solo entreteniéndolos.

- Si tienes familia en la ciudad, considera organizar una cena familiar semanal o mensual. Si no es así, intenta pedirles a algunos amigos cercanos que compartan una comida con ustedes.
- Prepara una comida sencilla. El objetivo no es impresionar, sino hacer amigos.

Recuerda, no tienes que intentarlo todo a la vez. Un pequeño cambio puede tener un gran impacto espiritual. Elige una cosa para empezar.

Recursos adicionales

The Spiritually Vibrant Home: The Power of Messy Prayers, Loud Tables, and Open Doors, Don Everts

El evangelio viene con la llave de la casa: La práctica de la hospitalidad radicalmente ordinaria en nuestro mundo poscristiano, Rosaria Butterfield

Una nota sobre la adaptación

No necesariamente tu comida debería ser una cena, pero sí debería ser algo. Y tal vez no lo organices todos los días, pero sí la mayoría de ellos para que se sienta como la norma.

Siempre necesitamos el recordatorio de la gracia: El amor de Dios inspira nuestras acciones, pero nuestras acciones no inspiran el amor de Dios. Nuestros hábitos familiares no cambiarán el amor de Dios por nosotros, pero el amor de Dios por nosotros debería cambiar nuestros hábitos familiares.

CAPÍTULO 3

DISCIPLINA

Un martes llego a casa a las seis de la tarde. Para mi deleite, al oír el sonido de la perilla girando, los niños comienzan a gritar y a correr hacia la puerta. En este día en particular, Shep es el primero en aparecer, dando brincos por la esquina vestido solo con un pañal (mi primera pista de cómo va a ir la noche). Está balbuceando: «¡Papá! ¡Papá! ¡Papá!». Pero de repente Coulter y Ash aparecen a toda velocidad por la esquina para adelantar a Shep y llegar primero.

Esta es una de mis partes favoritas del día. Todo el mundo desea que lo quieran, y yo no soy una excepción. Sin embargo, tampoco lo es ninguno de los chicos, y lo que se suponía que iba a ser un momento de encuentro para todos nosotros, rápidamente empieza a convertirse en una batalla. Shep está molesto porque no llegó a mí primero, pero mientras intenta abrazarme, me distraigo con Coulter que está blandiendo un libro para mostrármelo y Whit que viene bajando las escaleras y gritando algo sobre un paseo en bicicleta. En medio de esta creciente nube de ruido, agarro a Shep y le sonrío, tratando de demostrarle que tiene mi atención.

Es entonces cuando sale corriendo y me da un golpe en la cara.

Lauren, que acababa de aparecer para saludarme, se detiene y se tapa la boca, claramente tratando de ocultar su risa.

No me considero una persona fácil de manejar. En mi estado natural e irredento, soy propenso a dar órdenes a gritos, a echar a la gente de la habitación por pequeños errores y a disciplinar sin contar hasta tres. Pero Shep tenía apenas dieciocho meses en el momento de este golpe en particular. Seguro que no lo ha hecho a propósito, pienso para mis adentros. Simplemente se ha puesto nervioso. Solo ha sido un error.

Así que les levanto un dedo a Coulter y a Ash para que esperen, miro a Shep y le hablo con mi voz severa. «¡Sheppard!» (ahora digo su nombre como si fueran dos palabras). «No pegues».

Me mira y veo la plenitud de la humanidad devolviéndome la mirada. Veo la emoción y la confusión. Veo el desarrollo agitado del cerebro. Veo los ángeles y los demonios de su naturaleza. Veo la guerra y la paz y el amor y la rabia. Me veo a mí mismo. Nos veo a todos. Veo a un ser humano real y vivo.

Lo que no veo es su mano izquierda cuando se levanta y me golpea de nuevo. Esta vez más fuerte.

Como decimos, ya lo ha conseguido. Pero la pregunta es: ¿qué voy a hacer?

Sé exactamente lo que *quiero* hacer en estos momentos. Ya sea que se trate de Whit quejándose cuando le pido que ayude a su hermano a abrochar el asiento del coche, o de Coulter diciendo «¡No!» cuando le digo que tiene que comer un poco de brócoli, mi instinto suele ser claro: quiero encontrar una manera de controlar la situación.

Lo que no quiero hacer es el *verdadero trabajo de la crianza*. No quiero detener todo y llevar a cabo la tarea de comprender la plenitud de la humanidad de mi hijo, actuar y hablar de una manera relevante para su edad con el fin de atraer su corazón y su mente, y tratar de equilibrar la delicada mezcla de autoridad firme y compasión gentil que se necesita para discipular a este niño hacia el amor y la reconciliación.

Preferiría gestionar este comportamiento de una forma que me resulte conveniente, y tengo muchas herramientas que funcionan bastante rápido para eso: ira, fuerza física, sobornos con azúcar, volumen, falsas amenazas de disciplina que implican contar hasta tres, ignorarlo y más. Pero todas ellas están diseñadas principalmente para que recupere el control del momento.

De ahí el problema: los *momentos de disciplina son tan difíciles porque hay una gran diferencia entre lo que yo quiero y lo que ellos necesitan.*

Lo que yo quiero es control. Lo que ellos necesitan es disciplina amorosa y comprometida. Y la disciplina no es una herramienta para controlar el comportamiento. Es un proceso de discipular el corazón de un niño hacia los amores correctos. Una tarea difícil para un martes a las seis y dos minutos de la tarde, cuando mi cara todavía me arde. Pero esta es la tarea radical de un padre: tomar los momentos ordinarios de disciplina y unirlos en una vida de discipulado.

La disciplina como discipulado en la historia de Dios

La historia de Dios y su pueblo es una larga historia de escandalosa mala conducta.

Si alguna vez te avergüenzas de los problemas de tu familia, lee la Biblia. Si necesitas más, dale un vistazo a la historia de la iglesia. Podemos tender a olvidar que el Antiguo Testamento es demasiado violento y sexual para la televisión, que las cartas de Pablo trataban de muchos comportamientos que eran absolutamente bochornosos, y que la iglesia a lo largo de la historia ha estado tan marcada por su fracaso moral como por sus buenas acciones. Cuando decimos que «tanto amó Dios al mundo»,[1] es útil recordar que estamos hablando del mundo real: el mundo de personas que se portan mal como tú, yo y nuestros hijos.

Y sin embargo también sabemos por la historia de la Biblia que el tema dominante no es nuestro mal comportamiento, sino el amor de Dios a pesar de nuestra conducta. Sí, somos

1. Juan 3:16.

seres caídos, rotos y depravados, pero eso es solo una parte de la trama. La parte mucho más importante es que Dios ama a las personas caídas, rotas y depravadas. Tanto es así que sacrificó todo para amarlas y sacarlas de su quebrantamiento y llevarlas a su plenitud. «Porque tanto amó Dios al mundo [depravado] que dio a su Hijo único».

La respuesta de Dios a nuestro mal comportamiento es amarnos de nuevo en una relación, sin importar el costo personal para Él. Imagínalo así: el movimiento bíblico de la disciplina comienza en el amor (creación), pasa por el mal comportamiento humano (caída), continúa a través del sacrificio de Dios en respuesta a ese mal comportamiento (redención), y luego nos llama a la acción y termina en amor y reconciliación de nuevo (consumación).

La trama de la historia de Dios está completamente moldeada por la disciplina de Dios, y eso es algo bueno, porque significa que toma la forma de su amor. Hebreos lo resume perfectamente: «El Señor disciplina a los que ama».[2]

Y esta disciplina amorosa del Padre celestial es la que crea discípulos que a su vez aman a los demás como Él nos amó.[3] No se necesita un título en lingüística para ver la conexión fundamental entre la disciplina y el discipulado. La disciplina de Dios es el proceso que crea a sus *discípulos*.[4]

Esto es profundamente relevante para la tarea de los padres. No debería sorprendernos que las historias de nuestros hogares estén constantemente moldeadas por los momentos de disciplina. Si amamos a nuestros hijos, nos encontraremos una y otra vez ante la tarea de *discipularlos* a través de la disciplina, no como un medio de controlar su comportamiento para nuestra conveniencia, sino

---

2. Hebreos 12:6.
3. Juan 13:34.
4. Las palabras están tan conectadas etimológicamente que a veces puede ser difícil distinguirlas en una oración. Por esa razón, y porque quiero enfatizar la importancia de reformular los momentos de disciplina como momentos de *discipulado*, pondré en cursivas *discipulado* a lo largo del resto de este capítulo.

más bien como una forma de guiar sus corazones hacia el amor a Dios. Por eso la disciplina es tanto el llamado más elevado como la tarea más difícil que tenemos como padres.

El problema de los instintos

Si la disciplina fuera fácil, no necesitaríamos hablar de practicar hábitos que nos guíen. Simplemente responderíamos espontáneamente con la reacción correcta. Cuando un niño pequeño está a punto de salir corriendo hacia la calle, por ejemplo, nuestro instinto es el mismo en todo momento, y siempre es correcto: agarrarlo. Protegerlo. Es simple, y eso nunca está mal. Pero la disciplina no es lo mismo, en absoluto.

Necesitamos hábitos que nos ayuden a practicar la disciplina como *discipulado*, porque francamente todos tenemos los instintos equivocados. La disciplina nunca surge en un momento conveniente. Siempre estamos demasiado cansados, o llegamos tarde, o nos empujan en diferentes direcciones, o algo más. Peor aún, dependiendo de tu educación y del daño que te hayan hecho bajo el pretexto de la disciplina, es posible que cargues con un horrible bagaje en estos momentos.

El primer paso para avanzar hacia hábitos de disciplina que nos ayuden a *discipular a* nuestros hijos en estos momentos es tratar de comprender algunos de estos instintos problemáticos a los que todos recurrimos.

INSTINTOS EN MOMENTOS DE DISCIPLINA	
Lo que pensamos:	**«Están haciendo esto a propósito».**
Nuestra reacción:	Enojo dirigido hacia ellos
Nuestro error:	Esta es una visión exagerada de su caída. Nuestros hijos son tontos pecadores en el sentido más proverbial del término, sí, pero también son portadores de la imagen de Dios y necesitan ser ***discipulados***. En nuestro agotamiento, podemos pensar que su desobediencia repetida es un ataque personal destinado a impedirnos ser felices. Lucha contra esa mentira.

Lo que pensamos:	**«Esto es un insulto personal contra mí».**
Nuestra reacción:	Amargura y venganza
Nuestro error:	Nuestro propio egoísmo puede hacernos interpretar un comportamiento infantil como un ataque dirigido; esta es otra versión de pensar que el mundo gira en torno a nosotros. En el peor de los casos, esto puede conducir a culpar, avergonzar y vengarse. Pero es muy importante no centrarse en nuestra ofensa o inconveniencia en los momentos de disciplina, sino en la oportunidad de ***discipulado*** para ellos.
Lo que pensamos:	**«No hay nada malo; ellos tienen la mejor intención».**
Nuestra reacción:	Descartar e ignorar
Nuestro error:	Esto implica una visión superdesarrollada de la inocencia y una visión subdesarrollada de su caída. Es como podemos sentirnos tentados a reaccionar, por ejemplo, cuando nuestro hijo le hace daño al hijo de otra persona. Queremos protegernos de la vergüenza de la realidad de que le han hecho daño a alguien, así que lo descartamos como un simple error, aunque nuestros hijos, por desgracia, les hacen daño a otros intencionadamente, lo cual debe ser abordado y disciplinado, no ignorado y descartado.
Lo que pensamos:	**«Tan solo se confundieron; se puede razonar con ellos. El problema es la educación».**
Nuestra reacción:	Palabras inútiles
Nuestro error:	Con los niños pequeños en particular, esta es una visión poco desarrollada de la caída y también un gran malentendido en cuanto al desarrollo infantil. Su cerebro superior, que se ocupa de la lógica y la racionalidad, ***no está preparado para un discurso, especialmente en un momento de*** crisis.[5] Esto significa que podemos desperdiciar oportunidades para ***discipular*** a los niños pequeños hablando cuando deberíamos estar usando el lenguaje corporal y el tono para ayudarlos a ***sentir*** la verdad de lo que no pueden entender con palabras.[6] Esto ciertamente cambia a medida que los niños crecen, pero no tanto como podríamos pensar. Conectar emocionalmente con un niño mayor, antes de conectar con él lógicamente, es a menudo el camino que requieren la curación y la reconciliación. Si nos saltamos eso y vamos directamente a un discurso, normalmente estamos hablando solo para escucharnos hablar.

Lo que pensamos:	**«Quiero que sientan dolor y vergüenza por lo que han hecho. Así aprenderán».**
Nuestra reacción:	Venganza o abuso
Nuestro error:	Ya sea en forma de represalia física o verbal, cuando arremetemos contra los niños para hacerles daño por lo que han hecho, ***estamos actuando como niños justo en el momento en que lo que necesitan es un padre***. Recuerda que el concepto bíblico de disciplina comienza y termina con el amor de Dios, ***no con su ira***. Las consecuencias físicas y emocionales pueden tener un lugar útil como herramientas de disciplina, pero nunca deben ser un desahogo para nuestra propia ira. Cuando lleguen tales consecuencias, deben llegar ***después*** de haber hecho el trabajo de manejar nuestra propia ira y frustración.
Lo que pensamos:	**«Estoy frustrado y exhausto; necesito tomar el control para obtener el resultado correcto lo antes posible».**
Nuestra reacción:	Manejo impaciente de la conducta
Nuestro error:	Esta es una visión poco desarrollada de la disciplina. La disciplina no es para que podamos conseguir un comportamiento conveniente y tener una vida más fácil. Es para ***discipular*** los corazones de nuestros hijos hacia los amores correctos. Cuando la disciplina es solo una forma de ganar el control del momento, sacrificamos por el control momentáneo el verdadero corazón de la crianza de los hijos: la sucesión de momentos de ***discipulado*** que con el tiempo forman a los corazones en el amor de Dios.

5. Para obtener recursos fantásticos sobre la comprensión de la psicología y la neurología de los niños tanto en familias sanas como en familias rotas, consulte Daniel J. Siegel y Tina Payne Bryson, *El cerebro del niño: 12 estrategias revolucionarias para cultivar la mente en desarrollo de tu hijo* (Alba Editorial, 2012); Bessel van der Kolk, *El cuerpo lleva la cuenta: cerebro, mente y cuerpo en la superación del trauma* (Editorial Eleftheria S.L., 2020); y el pódcast de Adam Young, *The Place We Find Ourselves*.

6. Por ejemplo, en mi momento, darle una charla a Shep acerca de que pegar duele sería inútil. Por desgracia, él lo sabe, y por eso precisamente lo hizo. Nosotros, al igual que nuestros hijos, a menudo les hacemos daño a las personas porque nos sentimos heridos emocionalmente. Mi respuesta para él debe estar mucho más arraigada en la emoción y lo intangible, porque eso es lo que causó el problema en primer lugar. En unas páginas más veremos cómo hacerlo.

Lo que pensamos:	**«Podría manejar esta situación en otro momento. En este instante es realmente inconveniente».**
Nuestra reacción:	Abdicación del rol de padre
Nuestro error:	Nunca hay un momento fácil para disciplinar. No es por las circunstancias, es porque la disciplina no es fácil. Resulta crucial entender que la disciplina de nuestros hijos también tiene que ver con nuestra propia disciplina. Parte de nuestra formación como padres es aprender que ***no podemos elegir cuándo dejarlo todo y atender a nuestros hijos***. Si dejamos a un lado la disciplina simplemente porque es inconveniente, dejamos a un lado el llamado a ser padres.
Lo que pensamos:	**«Estoy avergonzado y necesito controlar mi reputación aquí».**
Nuestra reacción:	Manejo de conducta autoconsciente
Nuestro error:	La disciplina no consiste en manejar el comportamiento de nuestros hijos como un medio para manejar nuestra propia identidad. Sin embargo, esta suele ser nuestra tentación, especialmente en público, lo cual es otra inversión de la disciplina: hacemos que tenga que ver con nosotros en lugar de con ellos. Ya sea en el supermercado o en una reunión en el patio trasero, debemos asegurarnos de que la forma en que respondemos a nuestros hijos no se deba al miedo de lidiar con nuestra identidad en el momento, sino a hacer lo que nuestros hijos necesitan en ese preciso instante.

La lista podría continuar. Las formas en que malinterpretamos la disciplina en los momentos de mal comportamiento son tan infinitas como nuestros propios malos comportamientos. Pero ten en cuenta que todos los instintos erróneos anteriores tienen algo en común: cuando vemos a nuestros hijos como problemas que hay que manejar en vez de como portadores de la imagen de Dios a los que hay que *discipular*, terminamos haciendo que los momentos de disciplina se enfoquen en nuestra conveniencia en lugar de en su *discipulado*.

Esto es tan erróneo y egoísta como natural y comprensible. Pero significa que trabajar en tales instintos problemáticos y peligrosos requiere una práctica real, y ahí es donde entran los hábitos.

Los hábitos pueden ayudar a interrumpir los instintos que hacen que la disciplina se centre en nosotros y en nuestra conveniencia, entrenándonos para, en cambio, ubicar estos momentos en la historia del *discipulado* de Dios, tanto de nosotros como de nuestros hijos.

La pirámide de la disciplina

Si queremos que la disciplina en nuestros hogares tome la forma del *discipulado* en la historia de Dios, debemos considerar cómo nuestros hábitos en ese momento pueden reflejar la historia del amor de Dios por nosotros y avanzar hacia la reconciliación. La Pirámide de la Disciplina (fig. 2) intenta ser un recurso para ayudarte a pensar en ese movimiento.

Este no pretende ser un recurso exhaustivo de tácticas disciplinarias ni una lista de cosas que hay que hacer cada vez que se disciplina. Es más bien una herramienta para ayudarte a visualizar los tipos de hábitos que necesitas practicar para que tu hijo y tú pasen del mal comportamiento a la reconciliación.

Figura 2. La Pirámide de la Disciplina

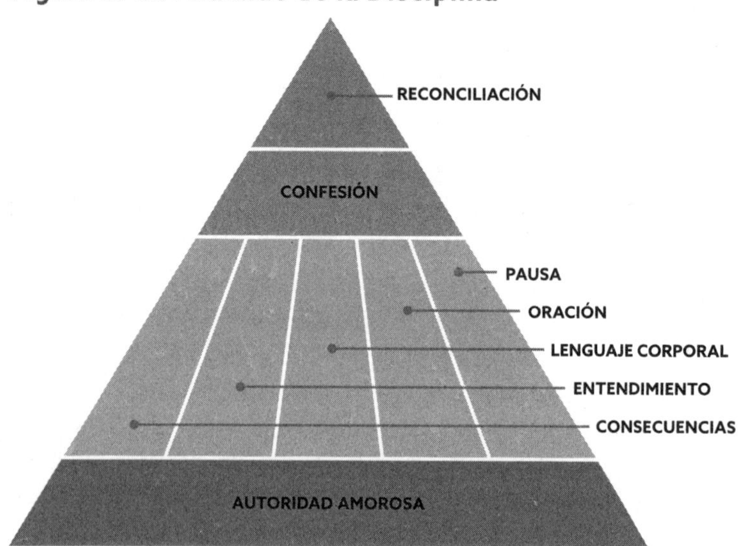

Hábito 1: Establecer la autoridad amorosa

La autoridad amorosa es la base de la disciplina como *discipulado.* Esta siempre se hallará presente de alguna forma. Podría ser levantando a un niño o interviniendo con un tono de voz o un lenguaje corporal firmes. Podría significar enviar a alguien a casa o exigir que un niño y tú salgan a caminar juntos a solas para hablar. Pero sea como sea, implica participación e incluso interrupción. La autoridad interviene con fuerza amorosa. Es lo contrario a quedarse al margen y hacer una petición. No les estamos pidiendo cortésmente a nuestros hijos que consideren nuestro punto de vista, los estamos educando. Esto significa que tenemos un papel relacional que desempeñar, no solo pensamientos que ofrecer. Por su bien, debemos aceptar la realidad de que estamos a cargo y que eso es exactamente lo que necesitan. Esto es muy importante para protegerlos de las consecuencias de su propia autodestrucción. La buena autoridad parental los protege a ellos y al mundo de sí mismos. Pero aún más, ser autoritario en la disciplina también consiste en reforzar una realidad teológica: un niño no es autónomo. Nadie lo es. Nadie debería serlo. El mayor daño que cualquiera de nosotros puede hacerse a sí mismo y a los demás es buscar un mundo sin límites ni autoridad.

Así que, tanto si tu hijo tiene cuatro como catorce años, necesita un padre que esté al mando y que ejerza la autoridad con amor como reacción instintiva cuando algo va mal.

Hábito 2: Hacer una pausa

Nosotros estamos al mando, pero estamos lejos de ser perfectos. Hacer algún tipo de pausa como hábito antes de la disciplina puede darnos la oportunidad de pasar de nuestras reacciones instintivas de ira o frustración al amor y al *discipulado.*

Por naturaleza, la disciplina ocurre en los momentos en los que no estamos preparados para ella. Cuando planeaste la salida de compras de camino al parque, no planeaste el berrinche de veinte minutos en el pasillo de la tienda o la pelea por llevar un bocadillo al área de juegos. Esta es la realidad de la disciplina.

Ocurre sobre la marcha, pero no tiene por qué ser improvisada. Los hábitos de hacer una pausa ayudan con eso.

Puede ser un tiempo fuera para tu hijo o puede ser un tiempo fuera para que te tomes un minuto.[7] Puede ser una pausa en la puerta antes de que la abras para abordar los gritos que se producen en el interior o simplemente respirar profundamente antes de hablar sobre lo que alguien acaba de decirte.

A menudo les digo a mis hijos: «Esperen aquí un momento y luego hablaremos de esto». El objetivo no suele ser que ellos se calmen, sino que yo lo haga. Son portadores de la imagen de Dios y merecen un padre que se acerque a ellos con amor, no con la ira explosiva y la frustración a las que soy tan propenso por naturaleza.

Hábito 3: Orar y hablar contigo mismo

Creo que una de las comprensiones principales de un padre maduro es cuando finalmente vemos que los momentos de disciplina tienen que ver tanto con nosotros como con nuestros hijos. Sí, Dios está *discipulando* a nuestros hijos en dichos momentos, pero si somos sinceros, la mayor parte de todo esto podría tener que ver con cómo nos está *discipulando* a nosotros en esos mismos momentos. Los padres necesitan ser educados.

Para mí, aceptar esta realidad ha sido muy útil para cambiar la forma en que reacciono en el momento. En esas ocasiones, no solo lidiamos con el egoísmo de nuestros hijos por no compartir un mando de videojuego, sino con nuestro egoísmo por no querer que nos interrumpan para tratar con este asunto por tercera vez en cinco minutos. Y solo yo puedo hacer el trabajo para darme cuenta de que mi ira en ese momento no es producto de su mal comportamiento, sino de mi impaciencia.

---

7. Los tiempos fuera son una excelente manera de hacer una pausa, pero ten en cuenta que un tiempo fuera no es el objetivo final de la disciplina. Es una pausa que sobrepasar y que todos puedan volver a sus sentidos y manejar esta situación correctamente. Cuando los reflejos de lucha o huida de todos están activados, un tiempo fuera u otra pausa es una forma fisiológicamente efectiva para que ambos se calmen y dejen que el cerebro de orden superior tome el control.

Nuestros corazones deben ser guiados a buenos lugares si queremos guiar los corazones de nuestros hijos a buenos lugares. Este es el tipo de trabajo que solo la oración puede hacer, porque las palabras —especialmente las palabras de la oración y las Escrituras— guían el corazón. Por lo tanto, la oración y el diálogo interno deben ser hábitos que surjan en el momento en que abordamos la situación.

Por ejemplo, de camino a un momento de disciplina (o durante esa pausa que podría estar haciendo), a menudo oro para mí mismo: «Señor, yo también [inserta aquí el estado del corazón del niño en problemas]. Ayúdame a ver que ambos necesitamos que tú nos eduques». Si es posible, incluso podría murmurar o susurrar esto en voz alta mientras subo las escaleras al lugar de la pelea que estoy a punto de interrumpir. Por ejemplo, si un niño ha golpeado a su hermano, es muy útil recordarme a mí mismo que también soy una persona enojada que quiere controlar el mundo a través de la fuerza. Si han desobedecido, utilizo una oración para recordarme que también soy una persona orgullosa a la que no le gusta la autoridad. Si están asustados, utilizo una oración para recordarme que también soy una persona ansiosa y temerosa. No me malinterpretes, a menudo no tengo la cabeza tan clara y la oración es solo un grito interior silencioso de ayuda. Pero a menudo esas son las oraciones más sinceras. Y con tiempo y práctica, los hábitos de oración realmente se pueden desarrollar, incluso en las situaciones más estresantes.

No subestimes el poder de este breve pero real momento de oración. El Señor ha utilizado a menudo estos momentos para confrontarme con mi propio pecado, tal como yo estoy a punto de confrontar a mi hijo con el suyo. Y es en ese momento cuando recuerdo que cuento con el espíritu firme y gentil del Señor y lo anhelo. Yo también quiero a alguien que me salve de mí mismo, pero además quiero a alguien que me consuele. Cuando lo recuerdo en la oración, estoy más dispuesto a ofrecerle ese espíritu de gracia y verdad a mi hijo. Pero si no oro como un hábito de disciplina, entonces estoy estableciendo por defecto el hábito de ser padre solo en esos momentos, y eso es peligroso para todos nosotros.

Hábito 4: Usar el lenguaje corporal y el espacio más que las palabras y las amenazas

¿Has pensado alguna vez en todas las cosas intangibles que ocurren incluso antes de que abramos la boca? A veces me pregunto en esos momentos si parezco un maníaco furioso a punto de hacerles daño. O si los estoy mirando con una mirada que dice: «Estoy enojado contigo». A menudo les digo a mis hijos que no se quejen con un movimiento de sus hombros, pero no son los únicos a los que hay que recordarles la lección del lenguaje corporal.

Lo que hacen tus ojos, hombros y manos en estos momentos comunica el amor del evangelio —o cualquier otra cosa— al menos tanto como tus palabras. Cuando puedas colocar a un niño en tu regazo para hablarle, o sentarte en una cama junto a un adolescente, o arrodillarte a la altura de los ojos de un niño de seis años, hazlo. Cuando podamos poner una mano sobre su hombro o mirarlos con amor y no con el ceño fruncido, hagámoslo. Recuerden que, al final, el amor es mucho más poderoso que la ira.

En estos momentos, les pido repetidamente a mis hijos que me miren a los ojos, no porque quiera intimidarlos, sino porque captar la atención de sus ojos y sus cuerpos es captar la atención de sus mentes y sus almas.

El espacio es igualmente importante. Creo que, en parte, por eso Jesús nos aconseja que apartemos a un hermano o hermana y los abordemos primero de forma individual.[8] Este tipo de espacio íntimo y privado cambia la forma en que hablamos y reaccionamos el uno al otro. Hay cierta sabiduría amable en no avergonzar a uno mismo o a su hijo delante de todos. Esto es casi sentido común. Cuando nos apartamos, nos alejamos de la presión de que otras personas nos observen. La razón por la que es tan difícil disciplinar a tus hijos delante de tus amigos, tus suegros o extraños en el supermercado es porque los estás viendo observarte y tienes todos los fantasmas de sus expectativas dando vueltas por ahí. Tu hijo también es consciente de esto. En casa, cuando te llaman tonto,

8. Mateo 18:15-17.

puedes responder con un autoritario «No. Nosotros no hablamos así». Si en el parque, hacen lo mismo, tú dices: «Cariño, ¿se supone que debemos decir eso?». Ellos huelen la sangre en el agua. Has mostrado tus cartas de incoherencia. No es de extrañar que redoblen la apuesta y te llamen «retonto». Es mejor que ambos se tomen un momento a solas en el que su cuerpo y el espacio puedan ayudar a la comunicación en lugar de confundirla.

Así que recuerda que eres un padre completo y encarnado y que todo eso se hace notar en los momentos de la disciplina como *discipulado.*

Hábito 5: Ser implacable en la búsqueda de la comprensión

Todo lo mejor y lo peor de nosotros viene del corazón.[9] En última instancia, lo que esperamos hacer como padres es ayudar a nuestros hijos a comprender sus propios corazones para que puedan experimentar arrepentimiento y un cambio de corazón. La disciplina sin amor es un castigo por un acto, pero la disciplina como *discipulado* implica entrenar a un niño para que se vuelva autorreflexivo. El papel de los padres es tratar de entender realmente el corazón de un niño en estos momentos, ya que verte hacerlo es una forma de que ellos aprendan a entender sus propios corazones.

Esto significa hacer preguntas que los lleven de saber «lo que hicieron» a entender por qué lo hicieron. Las preguntas en las que confío no son complicadas, simplemente exploran lo que sintieron y quisieron mientras sucedían las cosas. Suelo utilizar tres «qué»: (1) ¿Qué hiciste? (2) ¿Qué pensaste que iba a pasar cuando hiciste eso? (3) ¿Qué querías que sintiera la otra persona cuando hiciste eso?

Ten en cuenta que al hacer estas preguntas no estamos buscando una excusa o incluso una explicación, sino que los estamos buscando a ellos. Cuando formulas una pregunta —¿Qué pensaste que iba a pasar cuando tiraste eso? o ¿Qué querías que ella sintiera

---

9. Proverbios 4:23, «Por sobre todas las cosas cuida tu corazón, porque de él mana la vida».

cuando le robaste ese juguete?— no lo haces porque vayas a revelar una buena respuesta. No hay buenas explicaciones, solo corazones rotos. La respuesta correcta suele ser: «Porque quería hacerle daño» o «Quería hacerla llorar».

Sin embargo, eso no es algo que deba evitarse o disimularse. Es exactamente lo que necesitamos escuchar, porque esa es una respuesta del corazón para *discipular.* «Hijo, parece que eres una persona enojada, muy parecida a mí. Pero Dios nos ama de todos modos. Y Él puede ayudarnos. No tienes por qué pegar».[10] A partir de ahí, la conversación puede ir en muchas direcciones.

Es difícil acercarlos a Dios y a los demás cuando no sabes quiénes son realmente. Nuestros esfuerzos por entenderlos a través de preguntas o conversaciones demuestran que no solo queremos controlar su comportamiento, sino encontrarlos, al igual que nuestro Padre celestial vino a buscarnos.

Hábito 6: Pensar cuidadosamente en las consecuencias

Es crucial que aprendamos que nuestro pecado tiene efectos negativos en nosotros mismos y en los demás. Las acciones tienen consecuencias. Algunas son incluso permanentes. Por eso, como padres, dar a conocer las consecuencias es una responsabilidad importante. Sin embargo, también es vital recordar por qué estamos aquí en primer lugar: estamos tratando de llegar a la confesión y la reconciliación, no al castigo. Las consecuencias son útiles solo en la medida en que nos acercan un paso más a la reconciliación. Castigar a un adolescente o poner a un niño en penitencia puede ser útil para detener un comportamiento peligroso o grosero, pero eso no es tanto una consecuencia como un hábito de pausa, una

---

10. Mejoramos este hábito con nuestros hijos a medida que lo practicamos en nosotros mismos. Debería preguntarme: «¿Qué quería que pasara la otra noche cuando golpeé el armario con tanta fuerza que lo rompí?». ¿La respuesta? «Quería romper algo porque mi ira es incontrolable». ¿Revela eso una buena razón? No. ¿Revela una verdad importante? ¡Sí! Puedo ser una persona iracunda y necesito arrepentirme y recibir gracia. Un padre que sepa eso de sí mismo educa mejor en un momento de disciplina.

intervención. El verdadero trabajo de reconciliación no se ha hecho en absoluto. Así que no debemos ver la consecuencia que proporcionamos como el fin, sino más bien como un medio para el fin.

En ese sentido, a menudo las consecuencias son inherentes al proceso de disciplina, no algo que necesariamente tengamos que hacer después. Es una consecuencia que el juego tuviera que parar. Es una consecuencia que todos hayamos tenido que arrepentirnos. Es una consecuencia que tuviéramos que tomarnos el tiempo y ser vulnerables y discutir esto. Todos estamos siendo francos y somos perdonados y restaurados; esas son las consecuencias más importantes.

Yo, después de muchas pruebas y errores, ahora estoy cansado de las consecuencias que no están relacionadas con el proceso de reconciliación. En primer lugar, nunca he tenido mucho éxito con ellas. Quitarles el postre mañana por la noche porque se quejan hoy a la hora de acostarse suele ser una excusa para llamar su atención. Esta es una amenaza que realmente no necesitaba. Además, a menudo es también una mentira. Los padres tenemos la terrible costumbre de confundir a nuestros hijos diciéndoles que algo va a suceder cuando contemos hasta tres, y luego no cumplimos. (Es diferente si se pelean por un juguete y la consecuencia es quitarles el juguete. Eso está relacionado, es inmediatamente comprensible y útil. Pero la amenaza: «No te voy a comprar más juguetes» es una mentira y una pérdida de tiempo).

Como resultado, intento tener mucho cuidado con las consecuencias que no están relacionadas con el momento o la reconciliación. En su lugar, busco consecuencias que nos den tiempo y espacio para reconciliarnos. Por ejemplo, una de mis consecuencias preferidas si un niño es desobediente o irrespetuoso es que haga una tarea conmigo. En lugar de obligarlo a alejarse y que ambos nos atormentemos con nuestra ira, nos vemos obligados a estar en el mismo espacio, a cooperar y a decir palabras que comienzan a suavizarnos.

Las mejores consecuencias son las cosas que nos empujan a amar a Dios y a los demás, porque es ahí a donde la disciplina como *discipulado* está tratando de llegar. Por lo general, eso implicará la confesión y el arrepentimiento.

Hábito 7: Insistir en las disculpas como confesión

Si el arrepentimiento es el verdadero giro de nuestros corazones lejos del pecado, piensa en la confesión como el paso en el que tenemos que decir nuestro pecado en voz alta para darnos cuenta de lo desagradable que es, lo cual nos ayuda a evitarlo. Ayudamos a nuestros hijos a aprender a arrepentirse cuando adquirimos el hábito de ayudarlos a confesarse.

Puede ser útil recordar que nadie quiere hacer esto, así que espera un participante con el corazón duro y a regañadientes. Eso está bien, porque lo que estamos haciendo aquí es buscar liturgias que ayuden a ablandar nuestros corazones.

Considera cómo esto influye en los servicios de adoración. Decimos palabras de confesión no siempre porque las pensamos (todavía), sino porque queremos pensarlas.[11] Considera el disculparnos o confesarnos como formas de decir las cosas que desesperadamente no queremos decir para poder sentir las cosas que desesperadamente queremos sentir. Las palabras guían el corazón, y tenemos que guiar los corazones de nuestros hijos llevándolos a través de palabras que tal vez no quieran decir.

Para nuestra familia, ya sea Lauren o yo o los chicos, cuando alguien confiesa o se disculpa, tenemos que mirar a la persona dañada a los ojos y decir exactamente lo que hicimos en voz alta. Murmurar no es suficiente. «¡Bueno, está bien! ¡Lo siento!» no es suficiente. Mirar al suelo y decir algo tampoco es suficiente. Esto no es porque esté tratando de ser un tirano, sino porque la liturgia importa.

Cuando miramos a alguien y decimos las palabras que debemos decir como si realmente las sintiéramos, algo sucede. *Empezamos a decirlas en serio.* Las palabras y el proceso nos cambian, porque en ese momento estamos actuando en cooperación con la gracia.

---

11. En el fondo, en algún lugar, queremos arrepentirnos. Porque volverse y arrepentirse significa liberarse de las cadenas que nos esclavizan. Es deshacerse de todos los pesos pesados para que nuestros corazones, ahogados en el mar de nuestro propio pecado, puedan finalmente volver a la superficie de la gracia. El arrepentimiento es exactamente lo que queremos. Pero necesitamos palabras que nos guíen hasta allí.

Ten en cuenta que a menudo esto puede aplicarse a nosotros mismos. El momento en el que Lauren y yo más tenemos que pedirles perdón a nuestros hijos es durante el proceso de disciplina, cuando hemos ido demasiado lejos. No pierdas la oportunidad de arrepentirte delante de ellos si les has hecho daño.

Adoptar el hábito de trabajar hacia la confesión y el arrepentimiento no es un conjuro mágico que funciona siempre de la misma manera, sino una obediencia sabia que abre nuestros corazones al arrepentimiento y la gracia.

Hábito 8: Terminar siempre en reconciliación

No importa por dónde empecemos, siempre estamos trabajando para alcanzar la reconciliación. Hay muchas maneras de hacerlo, pero debemos insistir en hacer algo.

En nuestra casa, tenemos una pequeña liturgia de reconciliación llamada el «abrazo de hermanos». Por ejemplo, cuando dos de ellos empiezan una de sus peleas, los separamos (hábito de pausa), hablamos con ellos (hábito de comprensión) y les pedimos que se disculpen (hábito de confesión), y tal vez haya una consecuencia también. Todo esto es muy importante, pero este proceso no termina hasta que se dan un «abrazo de hermanos». Esto significa darse un abrazo que dura hasta que ambos (no solo uno de ellos) esbozan una sonrisa o se ríen. Para los más pequeños, suele ser una risita, porque un abrazo de hermanos usualmente se convierte en un nuevo combate de lucha libre. Para los mayores puede tratarse de hacerse cosquillas o decir una broma o soltar algunas lágrimas, pero hasta que no puedan mirarse y sonreír, no hemos llegado todavía a donde queremos.

¿Está bien una sonrisa forzada? Por supuesto. Es actuando como si nos arrepintiéramos y nos reconciliáramos como cultivamos el deseo de arrepentirnos y reconciliarnos de verdad. Y el acto de abrazar a alguien y sonreír les recuerda que la vida es mucho más divertida cuando jugamos en lugar de pelear. Un abrazo de hermanos es un pequeño acto de práctica para la forma en que el mundo debería ser.

Incluso como padre, yo también utilizo esta práctica de un abrazo reconciliador. Si recuerdas la liturgia de la hora de dormir, me resulta difícil ser un tirano a la hora de dormir cuando sé que se acerca ese momento de bendición y oración. El hábito de saber adónde voy cambia la forma en que llego allí. Del mismo modo, saber que se acerca un abrazo reconciliador cambia el movimiento de la disciplina. Este es quizás el resumen de este capítulo: educamos de manera diferente cuando sabemos que la disciplina es *el discipulado* que debe terminar en amor y risas.

Es difícil reprender a tu hijo si sabes que ambos van a tener que abrazarse y sonreír cuando esto termine. Si llego al final de un momento de disciplina y todavía estoy tan enojado que no puedo abrazarlo, hacerle cosquillas o bromear con él, entonces probablemente no lo he hecho bien. Si no puedo hacer una broma o hacer reír a mi hijo al final de un ciclo de disciplina, entonces sé que probablemente he sido demasiado duro. Si ni siquiera quiero hacerlo, sé que probablemente he disciplinado por ira y no por amor.

Así que la liturgia de la reconciliación proporciona un ancla que ayuda a asegurar que termino en el lugar correcto.

La pirámide en práctica

Con todo esto en mente, volvamos a mí, de pie en la puerta después de haber sido abofeteado por un niño pequeño. Él necesita autoridad y yo necesito una pausa. Así que le doy un "no" tajante, pero también le hago un guiño secreto al resto de la familia, recordándole a él que yo estoy al mando, pero también recordándoles a todos los que miran que no hay que estar enfadado para estar al mando; normalmente la ira no es un signo de autoridad, sino un signo de aquellos que temen perderla.

Luego llevo a Shep arriba. Quería saludar a toda la familia, pero *el discipulado* no tiene lugar cuando nos conviene. Además, subir las escaleras me da un momento para hacer una pausa y orar: «Señor, ayúdame a recordar que cuando me siento solo e ignorado, yo también arremeto contra mis seres queridos». Pongo a

Shep en mi regazo y lo miro a los ojos para que sepa que yo estoy al mando, pero también sabe que la persona que está al mando es la misma que lo ama.

Mientras está en mi regazo, le recuerdo: «Nosotros no pegamos. ¿Puedes decir: "Sí, papá"?». Se da la vuelta desafiante. Lo digo de nuevo. Y luego otra vez, porque no vamos a parar hasta que lo diga. En este punto de su desarrollo, no puede disculparse. Pero puede repetir las palabras que digo, y eso es una señal de obediencia. Las palabras también guían su corazón, y cuando finalmente cede y dice: «Sí, papá», se puede ver cómo cambia todo su comportamiento. Ha quedado bajo autoridad, y es notablemente más feliz por ello. Esta es su forma de confesar. Antes de tener sus propias palabras para confesar, se familiariza con la esencia de la confesión diciendo las palabras que se supone que debe decir.

Y ahora, la parte más importante: le hago cosquillas. Y lo abrazo. Somos amigos de nuevo, porque eso es lo que significa la reconciliación. Podemos bajar juntos riendo, y esa es la cuestión.

No es fácil, por supuesto, y hay que hacerlo una y otra y otra vez. Pero en lugar de quejarnos, haríamos mejor en recordar que para que cale, el movimiento bíblico hacia la reconciliación tiene que practicarse. Lo cual significa que simplemente estamos representando el drama de la redención una y otra vez, pero esta es una historia que nunca pasa de moda.

La disciplina como representación del drama de la redención

Un jueves por la noche, un par de minutos después de acostar a los niños, escuché arrastrar cosas. Cuando volví a entrar en la habitación, descubrí que Coulter y Ash habían estado ocupados llevando toda la ropa de cama de Coulter a la litera de abajo de Ash. Esto consistía en un notable conjunto de cosas acogedoras, incluyendo la sábana y la manta estándar, un enorme oso de peluche del doble del tamaño de Coulter, siete criaturas de peluche más pequeñas, cinco o seis mantitas de muselina que le gusta enrollar en forma de bola y abrazar, dos chupetes (para los que ya era demasiado mayor), una botella de agua y una almohada.

No hace falta decir que fue un botín importante. Y sinceramente, cuando abrí la puerta, me sentí un poco orgulloso. Lo habían hecho todo en la oscuridad y el objetivo era poder tener una fiesta de pijamas en la cama de Ash. Así que me quité el sombrero y dije: «Bien hecho. Diviértanse». Les indiqué que mientras estuvieran callados todo estaba bien y volví abajo.

El problema fue que, una hora más tarde, seguían dándose patadas y contando chistes, así que de mala gana volví a poner todo en la cama de Coulter y les dije que no hicieran más ruido. Y finalmente se fueron a la cama.

Sin embargo, a la noche siguiente preguntaron si podían volver a hacerlo. Les dije que no. Lo dejé *muy, muy* claro. «Anoche no pudieron estar callados intentando dormir en la misma cama, así que esta noche no se podrán levantar de sus camas, ¿de acuerdo? Quiero que todos se queden en sus propias camas». Todos dieron su consentimiento. Hubo un acuerdo de voluntades. No hubo ambigüedad. Se hizo un contrato verbal.

Así que cuando oí los pasos un par de minutos después, me acerqué de puntillas a la puerta, la abrí de un tirón y encendí las luces de golpe. Funcionó.

Sorprendí a Ash en medio de la habitación, llevando un montón de peluches a la cama de Coulter. Parecía tan culpable como yo pensaba que lo era. Y también asustado.

Una de las cosas que me encantan de los hermanos de edades cercanas es que se apoyan mutuamente cuando uno está en problemas. A menudo recibo una súplica de clemencia desde afuera: «En realidad no le pegó tan fuerte. Yo lo vi, solo fue *un poco* fuerte». Mientras me sentaba en la mecedora de su habitación y le pedía a Ash que se pusiera delante de mí, noté que Coulter me observaba nervioso desde su cama.

—Ash, ¿qué estabas haciendo? —pregunté.

—Moviendo las cosas de Coulter —respondió.

—¿Y qué te dije sobre eso? —pregunté.

—Que no lo hiciera —respondió.

—¿Así que desobedeciste a propósito?

Hizo una mueca. Por sus labios fruncidos me di cuenta de que se sentía mal y estaba luchando por mantener la compostura.

—Sí —dijo bajando la mirada.

Recuerda, las palabras guían al corazón. Hay razones por las que hacemos confesiones lentas y precisas, porque expresar la realidad nos recuerda el peso de la realidad, y en este caso, cuando Ash admitió que desobedeció a propósito, pude ver el remordimiento y la culpa llenar sus ojos. Sabía que se había equivocado; parecía avergonzado y asustado. Aquí estaba la consecuencia, él no necesitaba nada más. Y aquí estaba la comprensión, yo no necesitaba nada más. En su rostro tembloroso vi una imagen de mi propio corazón: esa cosa temblorosa, mitad avergonzada y mitad asustada, llena de la conciencia de que no estoy del todo bien y siempre estropeo las cosas.

Quería llorar en ese mismo momento porque se sentía destrozado, definitivamente se sentía atrapado, probablemente se sentía estúpido y parecía sentirse asustado. Así que hablamos un minuto.

—¿Es malo desobedecer? —pregunté.

—Sí —admitió, y mientras lo hacía empezó a llorar.

—¿Y qué necesitas decirme si me desobedeces?

—Lo siento —sollozó.

—¿Entonces puedes mirarme a los ojos y decir *lo siento*?

Se secó las lágrimas y lo hizo, pero seguía pareciendo más asustado que arrepentido.

—¿Y entonces qué voy a decirte? —le pregunté.

Dejó de llorar.

—¿Que me perdonas?

Esa era la respuesta correcta, él lo sabía, pero parecía casi sorprendido, como si no pudiera ser verdad esta vez.

—Eso es, Ash —dije mirándolo a los ojos—. Te perdono. ¿Y qué digo sobre lo que siento por ti cuando haces algo malo?

—¿Que me quieres de todos modos?

—Eso es. ¿Y qué tenemos que hacer ahora?

—Darnos un abrazo hasta que sonriamos —dijo.

Y así lo hicimos. Lo apreté hasta que sonrió, aunque todavía tenía lágrimas en los ojos.

Fue entonces cuando me fijé en el pequeño Coulter. Lejos, en su camita, había empezado a saltar con una sonrisa incontrolable. Cuando nos abrazamos, empezó a animarse y a levantar el puño en el aire.

¿Y por qué no iba a hacerlo? ¿No estamos representando el drama de la salvación a nuestra pequeña manera? ¿No estamos ensayando y practicando la narrativa del perdón y la reconciliación? No solo nos la contamos unos a otros, sino que participamos de ella. La probamos desde todos los ángulos. Ponemos a prueba la historia y vemos si encaja. De hecho, lo que parece que queremos y necesitamos una y otra vez es recordar y revivir el perdón. Después de todo, la reconciliación es la historia del mundo. Si no es la historia de nuestras familias, entonces lo será la de la amargura.

La disciplina, cuando se convierte en *discipulado,* es algo que vale la pena practicar y por lo cual llorar, reír y abrazar, y algo que vale la pena alentar también.

HÁBITOS DE DISCIPLINA

FORMANDO NIÑOS

Idea principal

Los momentos comunes de disciplina pueden construir una vida de discipulado. Pero la disciplina a menudo se reduce a controlar el comportamiento de nuestros hijos. Los hábitos ayudan a interrumpir los malos instintos del control y la ira, y a construir nuevos patrones de amor y discipulado del corazón.

«Este es el trabajo más radical de un padre: tomar los momentos comunes de disciplina y unirlos en una vida de discipulado».

En momentos breves

La mayor parte de nuestra disciplina se desarrolla en momentos puntuales, no en compromisos prolongados. Así que piensa en cómo terminar con una sonrisa, cosquillas, risas o abrazos puede indicar brevemente la reconciliación y evitar que creemos una larga fila de gruñidos, suspiros o ceños fruncidos a lo largo del día.

Recuerda, la disciplina es probablemente lo más difícil que hacemos como padres. Sé indulgente con tus hijos y contigo mismo.

Recursos adicionales

Disciplina sin lágrimas: Una guía imprescindible para orientar y alimentar el desarrollo mental de tu hijo, Daniel J. Siegel y Tina Payne Bryson

La crianza de los hijos: 14 principios del Evangelio que pueden cambiar radicalmente a tu familia, Paul David Tripp

Una nota sobre la adaptación

Los hábitos de disciplina (¡con razón!) varían significativamente dependiendo de la edad, la historia familiar y la personalidad del niño. Sin embargo, la historia de amor y discipulado de Dios no cambia. Dondequiera que estés, aprovecha este momento para repensar cómo tus normas de disciplina pueden ser normas de amor, reconciliación y discipulado.

Siempre necesitamos el recordatorio de la gracia: El amor de Dios inspira nuestras acciones, pero nuestras acciones no inspiran el amor de Dios. Nuestros hábitos familiares no cambiarán el amor de Dios por nosotros, pero el amor de Dios por nosotros debería cambiar nuestros hábitos familiares.

CAPÍTULO 4

TIEMPO DE PANTALLA

Recuerdo la noche en que Lauren me dijo que las cosas iban a cambiar.

—¿Vas a hacer qué? —solté—. ¡Pero la hora de pantalla de los chicos es el único momento de descanso que tienes por la tarde!

—Simplemente no vale la pena —dijo.

No parecía emocionada. No parecía feliz. Solo parecía resignada a luchar por algo mejor que lo que teníamos. Y lo que teníamos era una rutina de tiempo de pantalla.

No pasó mucho tiempo después de tener nuestro primer hijo para darnos cuenta de que la pantalla hacía algo mágico en los niños. Nuestro primogénito, Whit, odiaba absolutamente ir en el auto, a menos, por supuesto, que estuviera sonando la «Canción de Elmo». Recuerdo que pensé que esto parecía una especie de droga mágica.

A partir de ese momento, fuimos relativamente moderados con el tiempo que pasaban frente a la pantalla, pero este seguía siendo un elemento básico en su rutina diaria. Cuando llegaron el segundo y el tercer hijo, la lucha por encontrar incluso un rato de veinte minutos por la tarde en el que los niños durmieran la siesta o descansaran parecía imposible, a menos que les diéramos un iPad. En ese caso, se sentaban a ver un par de programas y le daban a Lauren un «descanso» de una hora, un descanso que consistía simplemente en una hora en la que podía ponerse al día con todo el resto del trabajo de la casa.

Es difícil exagerar lo complicado que es la naturaleza incesante de la crianza de los hijos. En los primeros años de crianza, te despiertas con los niños. Comes con los niños. Haces los mandados con los niños. Juegas con los niños. Algunos de los deseos más comunes de todas las personas te son negados: simplemente tener una conversación adulta, concentrarse en una tarea o completar algo son todas cosas que se te quitan. A menudo pienso en cómo el deseo típico de un padre de simplemente quedarse a un lado en el área de juegos y navegar por un dispositivo tiene mucho sentido: la dificultad mental de estar rodeado de niños todo el día es tan intensa que hace que cualquiera quiera desconectarse. Para muchos padres, las pantallas son la única forma de salir de esta locura. Eso era cierto para Lauren durante una hora cada tarde.

El problema era lo que sucedía después. Las consecuencias parecían empeorar cada vez más. Era una lucha apagar los programas, y después parecían inquietos y malhumorados unos con otros. Estaban aún más necesitados y llenos de quejas.

En esta situación estábamos cuando Lauren me contó su decisión de eliminar el tiempo de pantalla de la rutina diaria de los niños. Sin embargo, años después, ella se mantiene en su decisión y sigue haciéndolo todos los días. Hace poco le pregunté por qué.

«Porque la lucha merece la pena», dijo. «La lucha no es sobre si las pantallas están bien o no, o sobre cuánto tiempo de pantalla es demasiado. La lucha es sobre si estás formando a tus hijos o estás dejando que las pantallas los formen por defecto. Esta es una lucha por la formación, y eso nunca es fácil, pero siempre valdrá la pena el tiempo y la energía de los padres, incluso si es el último tiempo y energía que les queda».

¿Quién forma a quién? La lucha por la formación merece la pena

Me gusta que Lauren haya planteado la lucha con respecto a las pantallas como una lucha por la formación, porque esa es la razón principal por la que las pantallas son tan importantes. En la historia de Dios, todos nos estamos convirtiendo en alguien: esta es la idea bíblica de la formación.

Mi frase favorita sobre esto se encuentra en Romanos 12:2: «No se amolden al mundo actual, sino sean transformados mediante la renovación de su mente». Pablo parece asumir que la formación es el valor predeterminado: o estamos siendo formados (conformados) al mundo o estamos siendo formados (transformados) por Dios. Esta es una lección importante sobre lo que es el corazón humano: *nunca* deja de ser moldeado por algo. El corazón humano no es como un auto: *no hay un punto muerto.* Así que debemos tener cuidado siempre de lo que capta la atención de nuestra mente e imaginación, porque hacia donde va la imaginación, va el corazón.[1]

Las pantallas son increíblemente formativas porque transmiten historias e imágenes que cautivan nuestra imaginación. Esto no las hace malas; las hace poderosas, y el poder puede ser para bien o para mal. Pero el hecho es que, tanto para nosotros los padres como para nuestros hijos, o bien formamos nuestros hábitos de pantalla o nuestros hábitos de pantalla nos forman a nosotros. No hay alternativa. Se trata de una lucha sobre quién forma a quién.

Consideremos por un momento lo que está en juego. Si no les enseñamos a nuestros hijos sobre el sexo, las pantallas estarán encantadas de hacerlo por nosotros. Si no les enseñamos las categorías del bien y el mal, las pantallas estarán encantadas de oscurecerlas a ambas. Si no les enseñamos que Dios los hizo ser quienes son a propósito, hombre o mujer y blanco o negro, entonces las pantallas estarán felices de confundir su comprensión de todas estas cosas. Si no les enseñamos que comprar cosas no los hará felices y que el consumo siempre te deja más hambriento, entonces las pantallas les enseñarán que ser un consumidor es una forma de obtener estatus y satisfacción. Si no les enseñamos que el mundo de la naturaleza es feroz y fantástico, algo que hay que

---

1. Para una visión profunda y práctica de esta conexión entre nuestra imaginación y nuestros amores, véase la obra de James K. A. Smith, *You Are What You Love: The Spiritual Power of Habit* (Grand Rapids, MI: Brazos, 2016).

cuidar y admirar, entonces el mundo de las pantallas les enseñará que solo con mirar imágenes de la naturaleza es suficiente. Si no les enseñamos que el silencio es un lugar sagrado donde Dios nos habla, entonces las pantallas se asegurarán de que nunca, nunca lo descubran. Si no les enseñamos que la amistad vulnerable y encarnada es el corazón de la buena vida, entonces las pantallas los empujarán implacablemente hacia la «conexión» y el «me gusta» para llegar a la soledad endémica.

Por si fuera poco, las pantallas se encuentran entre los mecanismos más potentes para crear hábitos, aparte de las drogas adictivas. Estas drogas electrónicas están por toda nuestra casa: en los escritorios y las paredes, en nuestros bolsillos y carteras; cuelgan sobre nuestras repisas y se sientan junto a nuestras camas. Drogas gratis por todas partes: ¿qué creemos que harán nuestros hijos si no los educamos de otra manera?

Las pantallas son tan poderosas como omnipresentes, lo que significa que la vida moderna por defecto va a involucrar pantallas sin límites a menos que un padre intervenga y enseñe que los límites son algo bueno, especialmente cuando se trata de pantallas.

Los límites como guardianes de la buena vida

La esencia de ser padre es la idea de poner límites a tus hijos. «No tan cerca de la calle». «Ya basta de chocolate caliente». «Es hora de dormir». «Se acabaron los programas». «No puedes quedarte a dormir si sus padres no están en casa». «Es hora de cederle el turno a otro». La lista sigue hasta el infinito. A veces, reflexiono con asombro sobre el número de veces que digo no en un solo día. Aunque recomiendo encarecidamente que se busque la manera de desviar la atención hacia otra cosa («No puedes golpear a tu hermano con ese bate, ¡pero puedes golpear esta pelota! ¡Mira, es divertido!») y se afirme la búsqueda de cosas mejores («Sé que el chocolate es bueno, pero no querrás un dolor de barriga más tarde, ¿verdad?»), definitivamente una parte clave de tu trabajo es proteger a tu hijo de su deseo infinito.

Piensa en esto conmigo por un momento, porque esta es la condición humana. En este sentido, todos somos niños: nuestra lucha principal es quererlo todo. Esta fue la lucha en el Edén: querer ser ilimitados como Dios, comer el fruto y ser como Él. Por eso los Proverbios nos aconsejan que nos pongamos un cuchillo en la garganta antes de desear la comida de la mesa de un rey.[2] Por eso Jesús nos aconseja que nos cortemos la mano derecha si nos hace pecar.[3] La violencia de las imágenes tiene un propósito. Nuestro deseo cada vez mayor de más opciones nos bloqueará a menos que decidamos bloquearlo nosotros. Nuestros deseos infinitos nos violentarán a nosotros y a los demás a menos que los controlemos y los pongamos en su lugar adecuado. Se trata de establecer límites saludables.

En la historia estadounidense, los límites son malos. Se interponen en el camino de nuestra libertad, lo que significa que debemos deshacernos de todos los límites para ser felices. Pero en la historia de Dios, los límites son el camino hacia la buena vida, incluso el camino hacia la felicidad. Lo sabemos porque Jesús asumió los límites de ser un hombre, disciplinándose en una vida de sacrificio. ¿Por qué? Para que pudiéramos ser libres de la limitación definitiva del pecado y la muerte. «Para libertad fue que Cristo nos hizo libres», escribe Pablo.[4] Es cierto que la libertad bíblica se consigue encontrando las limitaciones adecuadas, no deshaciéndose de todas las limitaciones.

En una imagen clásica de la libertad dentro de las limitaciones, G. K. Chesterton escribe: «Podríamos imaginarnos a unos niños jugando en la cima plana y cubierta de hierba de una isla elevada en el mar. Mientras hubo un muro alrededor del borde del acantilado, podían lanzarse a cada juego frenético y hacer del lugar la más ruidosa de las guarderías. Pero los muros fueron derribados, dejando al descubierto el peligro del precipicio. Ellos no se cayeron; pero

---

2. Proverbios 23:1-3 (NBLA).
3. Mateo 5:30.
4. Gálatas 5:1 (NBLA).

cuando sus amigos regresaron, todos estaban acurrucados y aterrorizados en el centro de la isla; y su canción había cesado».[5]

Quizá podamos decir, entonces, que el papel de los padres es levantar los muros que crean el área de juegos. Es eligiendo cuidadosamente los límites adecuados como se encuentra el espacio de recreo de la buena vida.

Soporta el dolor para que tus hijos no tengan que hacerlo

Antes de que todo se ponga demasiado color de rosa, veamos el dolor práctico de esto en la vida real. Establecer límites para tus hijos nunca es divertido. Rara vez es fácil y siempre requiere mucha sabiduría.

Sobre el dolor de establecer límites en cuanto al tiempo de pantalla, Lauren me recordó: «El costo lo tenemos que asumir nosotros. Va a ser difícil, sí. Una de las cosas más difíciles que hagas. Van a quererlas, todo el tiempo. Y aún más, tú las vas a querer todo el tiempo para hacer más fácil tu tarde o tu viaje en el auto o tu mañana. Implica una verdadera pérdida de tiempo y capacidad de los padres. Pero como padres, soportamos el dolor ahora para que nuestros hijos no tengan que soportarlo más adelante».

Como siempre, Lauren tiene razón. No podemos hablar de los hábitos prácticos de establecer límites para el tiempo de pantalla sin abordar lo difícil que es. Pero antes de resignarte y decir: «Esto simplemente no funcionará para mí y nuestra familia», recuérdate con gentileza el sereno pero hermoso llamado de los padres: así como Jesús tomó el dolor para que nosotros no tuviéramos que hacerlo, nosotros tomamos el dolor para que nuestros hijos no tengan que hacerlo. La historia del evangelio no es solo nuestra mayor esperanza en la vida y en la muerte, también es el mejor paradigma para la crianza de los hijos. No sacrificamos la formación de nuestros hijos para tener una vida

---

5. G. K. Chesterton, *Orthodoxia* (Barcelona: Acantilado, 2013).

más fácil. Sacrificamos la comodidad de nuestra vida para que nuestros hijos puedan tener una formación bíblica.

De esta manera, la batalla por el tiempo de pantalla toma la forma del amor redentor de Dios. Ayudamos a la formación de nuestros hijos en lo que respecta a carácter, sabiduría, inteligencia emocional y creatividad interviniendo como padres y asumiendo la inconveniencia de decir: «Sí, esto va a significar que tendré menos descansos y necesitaré involucrarme más y gestionar peticiones constantes, pero es por su formación, lo que significa que es una lucha que vale la pena librar bien».

El poder de la curación de contenido

Si la batalla de las pantallas es una batalla por la formación, entonces la respuesta es la curación del contenido que se ve,[6] no la abstinencia de ellas. Si las pantallas fueran simplemente dañinas o malignas, entonces esto sería mucho más simple: basta con mantenerse alejados de las mismas. Pero las pantallas, como la mayoría de las tecnologías, tienen muchos más matices, lo que hace que nuestra tarea sea mucho más complicada, porque casi siempre es más difícil usar algo de manera responsable que simplemente evitarlo por completo.

Para hacerlo bien, necesitamos un concepto de la curación en dos partes. La curación significa, en primer lugar, que estamos estableciendo límites, y en segundo lugar, que estamos eligiendo bien dentro de esos límites.

El primer paso de la curación de contenido: establecer límites

La mejor manera de pensar en establecer límites prácticos para las pantallas es estableciendo ritmos esperados. Por ejemplo, veré una película con la familia el viernes por la noche, y veré una serie

6. En términos simples, la curación de contenido es el proceso de buscar, seleccionar, organizar, filtrar y compartir información de internet que se considera relevante y valiosa para un público objetivo.

de Netflix con Lauren en nuestra noche de cita de los miércoles, pero aparte de eso, por lo general no veré películas ni programas.

Esto significa que un lunes por la noche normal no tengo que usar la energía mental para considerar mis opciones. Después de que los niños se acuesten, puedo hacer algo de trabajo, limpiar la cocina y escuchar un pódcast, leer un libro o escuchar a los Nationals en la radio, pero sé que no veré ninguna transmisión multimedia, porque no es una de esas noches.

Para nuestros hijos, este paradigma es similar. Una de las cosas más difíciles que hemos hecho como familia es romper con la mentalidad de que «el tiempo de pantalla puede ser en cualquier momento» y guiarlos hacia ritmos previsibles de participación. (¿Significa esto que no preguntan? ¡Por supuesto que no! Preguntan constantemente. ¿Pero significa que preguntan menos y entienden que la respuesta será coherente cuando se les dé? Sí. Y eso es algo).

A continuación, se detallan algunos ritmos de compromiso que hemos utilizado para funcionar dentro de límites saludables.

Noches de cine en familia

En nuestra casa, los viernes por la noche es noche de cine en familia. A menudo, respondemos a la pregunta «¿Podemos ver una película?» con la pregunta «¿Es viernes?». Si no lo es, entienden el punto. Si lo es, saben que significa «Sí, después de cenar esta noche». Pero el resultado de esto es que podemos hablar (¿o discutir?) sobre lo que veremos juntos. Compartimos la experiencia de ver las mismas películas y reírnos o hablar de ellas. A veces nos sentamos todos a verlas; a menudo Lauren y yo lo utilizamos como excusa para dejar que los chicos vean algo mientras nos ponemos al día con la limpieza o simplemente nos relajamos. Ya sea un viernes o cualquier otro día, una noche de cine en familia no solo es una forma de establecer un ritmo habitual de ver algo en comunidad, sino también una forma de decir sí algunas veces y no otras de manera coherente.

Viajes en coche sin pantallas

Hemos dicho no a las pantallas en el coche como algo normal en la vida. He aprendido mucho de la sabiduría de Andy Crouch en *Familias tecnológicamente sabias* en cuanto a que el tiempo en el auto es tiempo de conversación.[7] Me he dado cuenta de que esto es muy cierto. Especialmente cuando se trata de un viaje individual, este puede ser un momento maravilloso para hablar. Así que, en general, el tiempo en el auto no es tiempo de pantalla. Esto significa que los niños no tienen que preguntarse constantemente si pueden jugar con un teléfono u otro dispositivo cada vez que se suben al auto. Ahora saben que no se puede. (Recordemos que empezamos de otra manera, con la «Canción de Elmo» y YouTube como formas de amenizar cada viaje. Aunque cambiar es difícil, resulta importante saber que no es imposible. Es muy posible, aunque cueste). Sin embargo, también conocen las excepciones a esta regla. Por ejemplo, en viajes especiales como el de tres horas en coche para visitar a los padres de Lauren: «¡Sí!». Podrán ver una película en la segunda mitad del viaje, después de haber leído algo. Y este también es un ritmo normal que anticipan y esperan con ilusión.

Películas de los domingos con los primos

Cuando toda la extensa familia Earley se reúne cada domingo para celebrar el *sabbat* y almorzar juntos, los niños pueden ver una película abajo. Esto es tanto para darles la diversión de ver algo con sus primos como (hay que admitirlo) para que los adultos puedan hablar y comer juntos durante un tiempo significativo. Creo que es importante señalar aquí que los padres tienden a sentir la culpa natural de usar las pantallas como niñera, especialmente si ocurre todo el tiempo. Probablemente eso sea algo a lo que hay que prestarle atención. Pero cuando hay ritmos de compromiso esperados, es una sabia administración

7. Andy Crouch, *Familias tecnológicamente sabias: Pautas para situar la tecnología en el lugar que le corresponde* (Editorial Andamio, 2018).

del tiempo como padre elegir momentos en los que también puedas disfrutar del momento. Para nosotros, las películas de los domingos con los primos son una forma de que todos vean una película elegida en comunidad (lo cual, debemos señalar, es muy diferente a ver una transmisión en modo de reproducción automática solo con un dispositivo en un rincón) y también una forma de hacer que las tardes de domingo con nuestra familia sean especiales.

Películas en casas de amigos

Parte de la buena organización y el establecimiento de límites familiares sanos significa reconocer que cada uno está luchando su propia batalla. Ya es bastante difícil hacer este trabajo sin que nosotros los padres nos juzguemos constantemente por nuestras diferentes elecciones. Así que los animo encarecidamente a que tengan confianza en sus propias decisiones, pero que sean amables al juzgar las de otros padres. Si alguien nos hubiera conocido hace años, podría haber pensado: «Vaya, realmente no tienen muchos límites». Ahí es donde estábamos en nuestro viaje. Cada familia tiene un camino que recorrer, y todas las familias tienen fases buenas y malas y valores diferentes. Así que, dentro de lo razonable, creo que es prudente e importante respetar los ritmos de los demás. Eso significa que cuando los chicos van a casa de un amigo y se les invita de forma espontánea a ver una película, normalmente no pasa nada. Pero la otra cara de la moneda es que, sí, vigilamos cosas como el contenido y cómo lo ven, ya sea en casa o en otro lugar.

Por ejemplo, saben que *nunca* se les permite ir a algún lugar y ver una pantalla sin preguntar a sus padres. Cuando son pequeños, ni siquiera pueden estar delante de una pantalla sin que haya un padre en la habitación. Y del mismo modo, cuando los niños vienen a nuestra casa, es una regla que no pueden estar delante de un dispositivo a menos que los supervisemos. Los niños del vecindario vienen a jugar todo el tiempo, pero si tienen un iPhone, no pueden sentarse en nuestro sofá y usarlo solos.

Nuestra regla es que están aquí para jugar con todos o tienen que irse a casa. ¿Y adivinan qué? Siempre eligen jugar.

Ritmos de los días sin pantallas

Cuando vivimos según nuestros mencionados ritmos, terminamos con un par de días a la semana en los que las pantallas simplemente no se encienden para entretenimiento (a diferencia de para la escuela o el trabajo). Dependiendo de dónde se encuentre tu familia en este proceso, una práctica básica inteligente es simplemente empezar declarando un día a la semana como un día de descanso de las pantallas.[8] Este puede ser el primer paso para establecer algunos ritmos previsibles, y puede ser bueno para ti como padre también, especialmente si eliges el sábado o el domingo, cuando la familia puede centrarse en el tiempo juntos.

Excepciones generosas

A pesar de toda esta sabiduría de los ritmos como límites, una cosa que no es nada rara es una excepción en un mal día. Si alguien está enfermo, es muy probable que esté viendo películas todo el día. Si un partido de béisbol o una cita muy esperada se suspende por lluvia, no es raro que el premio de consolación sea ver un iPad y un programa. Esto quiere decir no solo que las excepciones confirman la regla (normalmente estas cosas no suceden), sino también demuestra que el objetivo no es obedecer la regla por el simple hecho de obedecerla, sino dejar que los límites te guíen hacia una toma de decisiones sabia. Si alguien ha hecho algo excepcional y merece una recompensa, tal vez sea apropiado organizar una noche de cine espontánea. O a veces, simplemente ha sido un día horrible y decimos: «No tengamos la cena familiar, pidamos comida para llevar y dejemos que los niños vean algo». Esto no debe considerarse un fracaso. Debe verse como el fruto de ritmos saludables. Crear patrones sabios te permite improvisar y hacer excepciones sabias e incluso generosas.

---

8. Crouch, *Familias tecnológicamente sabias.*

El tiempo libre como la norma

Parte de la organización de los ritmos esperados de tiempo de pantalla significa enfatizar que el tiempo fuera de esos ritmos es tiempo libre. Observa que si sumas todo lo anterior, hay una buena cantidad de tiempo de pantalla en nuestros ritmos semanales. Nadie puede llamarnos luditas por oponernos a la tecnología. Pero cuando no es uno de esos momentos, estamos jugando a las cartas o algún juego de mesa, estamos afuera construyendo alguna cosa, o estamos dentro leyendo algo. Y en conjunto, esos momentos de juego físico, comprometido, creativo y colaborativo superan *con creces* los otros momentos. Y este es el objetivo.

Consejos prácticos para iniciar nuevos ritmos de curación

Cuando consideres establecer límites creando tus propios ritmos como primer paso de la curación, mi primer consejo práctico es que te lo tomes en serio y te ciñas a ellos. Siempre es difícil imponer nuevos límites y crear nuevas expectativas, pero los niños adquieren hábitos rápidamente si nos ceñimos a ellos durante un par de días. Así que no anuncies algo a menos que vayas a cumplirlo, pero cuando lo anuncies, ajústate a ello.

En segundo lugar, la cantidad adecuada de tiempo frente a la pantalla casi con toda seguridad debe ser algo menor de aquella con la que te sentirías cómodo. Esto también es difícil. Pero la realidad es que ser padre es difícil porque establecer límites es difícil, y lo mejor para nuestros hijos es probablemente elegir algo que sea menos de lo que nos gustaría.

Por último, ten en cuenta el valor del impulso. Otra valiosa lección de *Familias tecnológicamente sabias* es la idea de crear espacio para impulsarse en la dirección correcta. Por ejemplo, hace un tiempo gastamos unos cientos de dólares en restaurar la chimenea de nuestra sala de estar. Podríamos haber gastado ese dinero en una increíble televisión de pantalla plana para colgar sobre la repisa, pero decidimos que queríamos que fuera más fácil encender un fuego que ver una película en nuestra sala de estar. Tenemos un proyector pequeño y bonito, así que cuando vemos películas familiares los viernes por la noche, quitamos los cuadros pequeños que cuelgan encima de la chimenea, los colocamos sobre la repisa y luego montamos el proyector en la mesa de café. Es increíble ver una película por la forma en que la imagen ocupa toda la pared, pero por otro lado, es todo un rollo sacar y montar el proyector, pero queremos que siga así.

El impulso consiste en que es mucho más fácil encender un fuego en nuestro salón y tomar una guitarra de la pared o un juego de mesa de la estantería que sacar el proyector para ver una película. Al fin y al cabo, cuidar el espacio nos ayuda a cuidar el tiempo y las relaciones también. Nos impulsa a tomar buenas decisiones, que es el segundo paso tan importante de la curación.

El segundo paso de la curación de contenido: elegir bien

Aunque establecer límites es crucial para tomar buenas decisiones con el tiempo de pantalla, no es suficiente por sí solo. Hay un límite para la utilidad de los límites. Al final del día, tenemos que decidir cómo llenar el espacio que tenemos con buenas elecciones. Aquí hay algunas ideas para eso.

Elige buen contenido en lugar de nuevo contenido

A menudo, la ventaja que ofrece la reproducción automática combinada con el miedo a perdernos algo nos lleva a ver nuevos contenidos de forma inconsciente. Pero no hay razón para suponer que algo merece ser visto simplemente porque es nuevo. De hecho, probablemente deberíamos inclinarnos por la suposición contraria. Es mucho más fácil elegir bien cuando algo ha resistido la prueba del tiempo.

Lauren y yo hemos empezado a establecer el canon de películas de nuestros hijos, empezando por las grandes películas de Disney y Pixar que vimos cuando éramos jóvenes, muchas de las cuales todavía nos encanta ver. Del mismo modo, les hacemos ver las grandes historias con las que crecimos, desde *Star Wars* y *El señor de los anillos* hasta *Harry Potter* y más.

En general, tomo como una señal de advertencia que no soporte ver lo que ven mis hijos. Las buenas historias son cautivadoras, ya sean películas para niños o para adultos, y una de las formas en que filtramos las malas historias es esperando a ver si resisten el tiempo.

Elige medios que amplíen o eduquen

Elige medios que amplíen la imaginación o eduquen la mente, no medios que simplemente estimulen. Esto suena complicado en palabras, pero es simple en la práctica. Puedes juzgarlo bastante bien después de ver cinco minutos de cualquier programa con tus hijos. Por ejemplo, veo algunos programas con ellos e intuyo inmediatamente que se trata básicamente de contenido educativo, pero producido de modo que sea interesante para los niños, como *Plaza Sésamo, Mister Rogers' Neighborhood,* o algo nuevo, como *Wild Kratts* (que enseña a los niños sobre los animales). Por otro lado, hay buenos dibujos animados que llevan a los niños a través de una larga narración o una serie de narraciones cortas. Ambos son geniales.

Sin embargo, también hay programas, a menudo dibujos animados, que se basan en cambiar escenas y ruidos de forma aleatoria solo para mantener la atención de los niños. No hace falta ser un científico del cerebro para ver que no hay historia; solo sobrecargan la mente de la misma manera que una patata frita diseñada en el laboratorio cautiva la lengua con exceso de sal. Esto resulta problemático no solo porque es una pérdida de tiempo, sino más bien porque nos entrena para sentarnos y someternos a los giros y vueltas de los medios de comunicación, en lugar de hacer el trabajo de prestar atención a una buena historia o seguir un contenido educativo. Al fin y al cabo, *cómo* miramos es tan importante como *qué* miramos, y una de las cosas más importantes que podemos enseñarles a nuestros hijos es a prestar atención, no solo a desconectar y mirar fijamente.

Mantente presente

Pasa menos tiempo pensando en si hay «palabras malsonantes» y más tiempo pensando en si estás presente. Si dedicáramos la mitad del tiempo que pasamos preocupándonos por la «adecuación» a ver las cosas con nuestros hijos y procesar y participar del contenido que ven, daríamos un gran paso en la dirección correcta. El mundo no es seguro. Desde luego, no es apropiado. Piensa en lo que lees, ves y oyes en la televisión e internet sin siquiera intentar prestar atención. Una habilidad esencial para crecer es saber cómo reaccionar ante el lenguaje explícito, la violencia, el sexo o las ideas peligrosas. Es mucho más saludable saber qué hacer con esas cosas en lugar de imaginar que podemos evitarlas por completo de alguna manera.

Nuestro objetivo no es proteger a nuestros hijos del mundo de inmoralidad *que hay ahí fuera*, sino enseñarles a lidiar con la inmoralidad que hay ahí fuera *y también aquí*. Esto significa que los padres tienen que hacer el arduo trabajo de explicar el quebrantamiento del mundo y cómo nosotros somos el mismo tipo de personas quebrantadas, en lugar de tratar de evitar que el quebrantamiento se convierta en un tema de conversación.

Aunque solo puedo hablar de forma anecdótica, en mi propia infancia he notado una diferencia real entre los niños que fueron criados con límites mediáticos inverosímilmente estrictos y los que, dentro de ciertos límites, pudieron madurar junto a sus padres. Los primeros tendían a perder el respeto por las reglas imposibles de sus padres y en consecuencia a descartar todas las reglas, mientras que los segundos tendían a aprender a elegir bien lo que veían.

Una de mis películas favoritas de la infancia es *The Sandlot*. Cuando se la mostré a mis hijos por primera vez, me acordé de que Wendy Peffercorn es tratada como un objeto en la película: cada vez que aparece en pantalla, hay tomas lentas que enfocan su cuerpo y su traje de baño, y demás. Peor aún, la famosa escena en la que Squints engaña a Wendy para que le dé un beso no consentido no está nada bien. Eso es algo que nunca enseñaría a mis hijos a hacer. Así que fue una buena oportunidad para pausar la película y hablar de ello, lo cual hicimos, en ese mismo momento. Hablamos de que nunca, nunca se debe tocar a una chica en contra de su voluntad o sin su permiso, punto. Hablamos en términos sencillos de cómo a todos los niños les costará ver el mundo a través de una lente sexualizada. Con cuatro niños, esta es una conversación que voy a tener una y otra vez, y esa noche nos sentimos mejor por haberla tenido en lugar de fingir que el asunto no existe. Además, hay temas de amistad, valentía y amor por el deporte que superan con creces la traviesa forma en que los niños se hicieron con el tabaco de mascar.

Ciertamente, hay categorías de sexo, violencia o temas que son más bien para adultos, es decir, son demasiado para que un niño los procese, corriéndose el riesgo de confundir su inocencia (que es uno de los preciosos dones de la infancia). Pero en algún momento, los niños deben adentrarse en el mundo, y es mucho mejor que estemos allí con ellos cuando lo hagan. Ver contenido juntos, incluso contenido inapropiado, significa que tenemos esa oportunidad de maneras únicas. No estaré allí la primera vez que alguien en la escuela les cuente a mis hijos un chiste degradante sobre el cuerpo de una chica. Pero puedo estar allí en las películas donde lo hacen, y puedo prepararlos para saber cómo reaccionar. Ese es el valor de interactuar en los medios de comunicación *con* nuestros hijos.

Haz una lista de películas para ver

No podemos esperar ayudar a nuestros hijos a elegir bien lo que ven si no dedicamos tiempo a ello. Una de las formas en que Lauren y yo nos adelantamos en este ámbito es manteniendo una lista de películas y programas que los niños deberían ver. Lauren lee a menudo las críticas de las películas —¡también existen para las películas infantiles!— y luego hace una lista. Hacemos esto con los libros para leer, y es igualmente valioso para ver películas.

Esta es también una forma de desarrollar un «canon», por así decirlo: las cosas que vale la pena ver una y otra vez. Creo que esta es una virtud que se pasa por alto en la era de la transmisión en continuo. Cuando vuelves a ver buenas películas o programas, captas cosas nuevas, memorizas frases, dejas que los buenos temas calen hondo. Sientes el mundo de la historia de una manera más profunda.

Observa que algo realmente importante está sucediendo cuando nos tomamos el tiempo para hacer esto. Cuando hacemos una lista de un contenido excelente y la repasamos con nuestros hijos, les quitamos el poder a los algoritmos de las empresas. Piensa en esto: no importa cuáles sean tus defectos, eres mucho mejor padre que Google. Puedes tomar mejores decisiones para tus hijos que las empresas de medios de transmisión, porque las tomas por amor, no por lucro. Pero cuando no hacemos nada en lugar de hacer algo, dejamos que las empresas tecnológicas seleccionen contenido multimedia para nuestros hijos. Dejamos que eduquen a nuestros hijos. Así que recuerda, alguien seleccionará lo que ven, y podrías ser tú.

Vean en comunidad y luego procesen en comunidad

En nuestra casa hay una regla que dice que hay que ver los créditos (o al menos, no se puede simplemente apagar o cerrar el ordenador). La razón por la que lo exijo es porque la reproducción automática[9] o nuestra propia falta de atención a menudo nos tienta a pasar directamente a la siguiente cosa. Puede ser otro programa u otra actividad, pero al sentarse y ver los créditos es cuando la mente y el corazón comienzan a procesar; es cuando uno se vuelve hacia la persona que está a su lado y le dice: «¿Y a ti qué te ha parecido?».

Gran parte de la formación ocurre después del hecho, a medida que procesamos juntos lo que vimos o experimentamos. Así que, en la lucha por el tiempo de pantalla y quién forma a quién, una de las cosas más valiosas que podemos hacer por nuestros hijos es simplemente sentarnos un par de minutos y hablar de lo que vimos.

---

9. Esto es fácil de evitar: desactiva la reproducción automática en todos los dispositivos y redes que tengas y nunca te arrepentirás.

No temas

Cuando era niño, veía mucha televisión. Y jugaba aún más a los videojuegos. Tanto es así que cuando tenía unos diez años, mi padre me dijo que me pagaría quinientos dólares si no veía la televisión durante un año. Básicamente, era una cantidad infinita de dinero, así que acepté. Había algunas excepciones. Se podía ver las noticias, aunque obviamente eso no me importaba. Y se permitían los deportes y las películas que la familia veía en comunidad. (Ahora veo el énfasis de mis propios padres en cuanto a ver en comunidad). Pero en general, ese año se introdujo en mi vida un nuevo límite, y como era de esperar, mi vida cambió.

Recuerdo la sensación en casa de mi abuela cuando tenía que ir a jugar afuera en lugar de ver Nickelodeon. Recuerdo llegar a casa del colegio y tener que luchar contra el aburrimiento y resolverlo en el bosque en lugar de frente a la pantalla. Recuerdo echar de menos los videojuegos y estar triste cuando un amigo entraba a su casa a ver la televisión y yo no podía ir. Pero también recuerdo el espacio que se abrió para enamorarme de cosas nuevas: los placeres de pasar tardes enteras al aire libre con mis hermanos, las prolongadas partidas de béisbol en el patio, la construcción de complicados circuitos para bicicletas en una calle lateral.

Pasé una infancia que, durante mucho tiempo, estuvo bastante atada a la pantalla. Pero luego tuve una experiencia que intervino.

Menciono esto, en primer lugar, porque me ayuda a ver con ojos amables los errores de mis propios padres: ¿Por qué me dejaron ver *tanta* televisión? ¿Por qué teníamos una televisión en cada una de las habitaciones principales de la casa, incluida la cocina? ¿Por qué me compraban todos los nuevos videojuegos que les pedía?

Pero también me ayuda a ver sus virtudes. Ellos hicieron lo que hacen los buenos padres: vieron sus errores y tomaron medidas. Intervinieron.

Esto me ayuda enormemente cuando pienso en el viaje de mi propia generación con las pantallas. La transmisión multimedia apenas tiene una década en realidad, y muchas cosas están cambiando rápidamente. Si nuestro objetivo es no cometer errores, entonces siempre nos sentiremos fracasados. Y nos rendiremos.

No obstante, si nuestro objetivo es formar a nuestros hijos y ayudarlos a elegir bien, eso es infinitamente más posible *y* de infinitamente más valor. Eso es algo que siempre podemos hacer un poco mejor.

Y esto significa que nos acercamos al tiempo de pantalla no con miedo, sino con esperanza.

Anteriormente en este capítulo me referí a las pantallas como drogas electrónicas. Aunque mantengo esa opinión, también puedo decirte que las pantallas no son heroína, donde un par de usos te van a dejar cambiado para siempre y adicto. Son más como el alcohol. Es un asunto serio y no debe tomarse a la ligera. Puedes manejarlo mucho mejor cuando seas mayor y más sabio. Necesitas comunidades con rectitud y limitaciones sabias. En algunos lugares es apropiado; en otros no.

Esta es una metáfora que está destinada a ser utilizada. Pensar en las pantallas como pensamos en los poderes, peligros y placeres del alcohol nos ayuda a darnos cuenta de que tenemos que intervenir y tomar decisiones difíciles. Hay que tener cuidado. Hay que regular, porque si nos dejamos llevar, tanto las pantallas como el alcohol pueden ser extremadamente peligrosos. Beber en solitario y con regularidad (ya sea de la fuente de Jack Daniel's o de Netflix) es casi seguro una mala idea, pero beber ocasionalmente y con moderación en comunidad puede ser bastante maravilloso.

Aunque los niños necesitan desesperadamente que intervengamos y les pongamos límites sanos, también necesitan que no tengamos miedo. Ten en cuenta que la Biblia nunca nos dice que tengamos miedo del mundo, sino que a menudo nos dice que nos despertemos a él. Haríamos bien en aplicar esa sabiduría bíblica a las pantallas. No tomamos nuestras mejores decisiones por miedo; tomamos nuestras mejores decisiones por amor. Así que no necesitamos estar ansiosos y preocuparnos todo el día por el problema de las pantallas, pero sí necesitamos despertar a su poder. La batalla por el tiempo de pantalla es la batalla por la formación de nuestros hijos. La lucha merece la pena, y su mejor herramienta es la curación.

HÁBITOS DEL TIEMPO DE PANTALLA

FORMANDO NIÑOS

Idea principal

La lucha por el tiempo de pantalla es la lucha por la formación. Pero deshacerse de las pantallas no es la solución, la curación del contenido que se ve sí lo es. Esto significa elegir ritmos que funcionen como límites y luego elegir buen contenido para llenar esos límites.

Adoptar ritmos de encendido y apagado son formas de limitar las pantallas

Tus ritmos pueden ser diferentes a los de otras personas y pueden variar según las estaciones.

Expectativas que debes tener:

- Espera que otros rechacen estas ideas, pero sé consciente de que esto es importante y mantén tu posición. También espera un período de desintoxicación en el que tus hijos (y tú) actúen y se sientan peor cuando eliminen las pantallas, pero debes saber que Dios nos hizo resistentes y esto se resolverá.

Conversaciones que debes tener:

- Habla sobre los ritmos con tu cónyuge: una familia tiene que estar de acuerdo con respecto a esto.
- Una vez que decidas tus normas de encendido/apagado, ten una conversación con tus hijos sobre cuáles son y por qué las estás adoptando.

Cosas que intentar para los momentos de pantallas encendidas:

- Noches de cine en familia; dibujos animados los sábados por la mañana; permitir una noche a la semana, días malos o cuando estén enfermos.

Cosas que intentar para los momentos de pantallas apagadas:

- Paseos típicos en auto, estar en la mesa del comedor o solos en las habitaciones. Considera la posibilidad de tener una habitación en la que se reúna la familia y que no tenga televisión ni ordenador. Considera la posibilidad de excluir las pantallas de sus rutinas sabáticas, o si las excluyes en otros momentos de la semana, trata de que sean algo especial que hagas en el *sabbat*.

> *«La pelea por el tiempo frente a la pantalla es una pelea sobre quién forma a quién».*

Dentro de tus límites, realiza la curación seleccionando bien

La segunda mitad de la curación consiste en elegir bien dentro de tus límites.

Consideraciones para elegir bien:

- Dale un vistazo a «Las listas de Lauren» en el sitio web. Ella ha creado listas de programas, películas, videojuegos y libros en https://www.habitsofthehousehold.com/laurenslists.
- Comparte listas de cosas estupendas para ver con familiares y amigos.
- Mantén listas de videojuegos o juegos de ordenador creativos, especialmente aquellos con múltiples jugadores.
- Considera la posibilidad de verlos con tus hijos a veces y deja que el contenido compartido sea el tema de conversación.
- ¡Desactiva la reproducción automática! No dejes que los algoritmos elijan por ti.
- No tengas miedo de repetir un contenido de calidad.
- Ten en cuenta que el contenido de calidad no siempre es gratuito y que el buen contenido puede valer lo que cuesta.

Recuerda, aunque luchar por limitar el tiempo de pantalla puede ser uno de los sacrificios más difíciles para nosotros como padres, es potencialmente una de las cosas más importantes que podemos hacer para ayudar a nuestros hijos a prosperar y convertirse en las personas que Dios quiso que fueran cuando las creó.

Recursos adicionales

Familias tecnológicamente sabias: Pautas para situar la tecnología en el lugar que le corresponde, Andy Crouch

My Tech-Wise Life: Growing Up and Making Choices in a World of Devices, Amy Crouch y Andy Crouch

La pirámide de la sabiduría: Cómo alimentar tu alma en un mundo posverdad, Brett McCracken

Recuerda, la gracia significa que nunca es demasiado tarde para empezar. No te preocupes por lo que han sido tus prácticas con respecto a las pantallas en el pasado; piensa en lo que podrían ser.

Una nota sobre la adaptación

Nuestros ritmos, límites y valores se verán todos diferentes, pero nuestro corazón para guiar a nuestros hijos debe estar unido. Piensa en un aspecto donde estés cediéndoles a las pantallas la formación de tus hijos, y a continuación intenta un nuevo hábito.

Siempre necesitamos el recordatorio de la gracia: El amor de Dios inspira nuestras acciones, pero nuestras acciones no inspiran el amor de Dios. Nuestros hábitos familiares no cambiarán el amor de Dios por nosotros, pero el amor de Dios por nosotros debería cambiar nuestros hábitos familiares.

CAPÍTULO 5

DEVOCIONES FAMILIARES

Una noche, hace un par de años, estaba en casa de mi amigo Steve y vi un libro de devociones familiares en la mesa de la cocina. Lo cogí y rápidamente le di un vistazo a unas cuantas páginas.

—¿Es un buen libro? —le pregunté.

Él se encogió de hombros.

—Aún no estoy seguro —dijo y luego hizo una pausa—. Pero, para ser sincero, creo que realmente no importa. Lo que parece importar es si estamos haciendo algo o no.

La sabiduría de los amigos.

Cuando se trata de la formación espiritual de la familia, no se trata de una práctica perfecta, se trata de pasar de la nada a algo.

Hacer algo en lugar de nada

Un par de meses antes, Steve y su esposa, Lindsay, se sentaron con Lauren y conmigo en un seminario para padres en el que Don Everts (el autor que mencioné antes) presentó una investigación sobre lo que hace que las familias sean espiritualmente vibrantes. Mientras nuestros hijos jugaban en el parque, dedicamos parte del taller a evaluar en qué punto estaban nuestras familias en ciertas categorías como la hospitalidad, la conversación, comer juntos y más.

Lauren y yo estábamos orgullosos de algunas cosas, pero la principal conclusión para nosotros fue una revelación contundente: nos dimos cuenta de que el nacimiento de nuestro cuarto hijo había interrumpido nuestra antigua rutina de tener una noche de devoción familiar. Habían pasado años y nunca habíamos vuelto a ella. Ambos sentimos la convicción de intentar retomar algo después de una larga temporada sin hacer nada.

Ese miércoles, después de cenar, anuncié que íbamos a reanudar nuestros estudios bíblicos en familia. (Nunca subestimes el poder de un anuncio para iniciar un nuevo ritmo o hábito. Nombrar las cosas importa).

«Esto es lo que vamos a hacer», dije. «Todos nos ayudarán a recoger la mesa, luego prepararemos un aperitivo especial y podremos leer un cuento juntos».

Para mi sorpresa, estaban encantados. ¿Por qué? ¡Por los aperitivos!

Resulta que la gente tiende a comunicarse mejor cuando tiene las manos ocupadas con otra cosa. Revolvemos el té, sostenemos el café, rellenamos nuestra copa de vino, partimos las semillas, mojamos el pan, fumamos puros, pelamos las naranjas o deshuesamos las cerezas. Lanzamos una pelota, tejemos una bufanda, zurcimos un calcetín, tocamos la guitarra o avivamos el fuego. La mayoría de nuestros grandes momentos de conversación se producen cuando hay algo, ya sea superficial o sabroso, entre dos personas: yo les llamo «terceras cosas». Volveremos a las terceras cosas en el capítulo sobre la conversación. Por ahora, basta con decir que las entrevistas y los interrogatorios se producen delante de mesas vacías. Las conversaciones se producen delante de mesas desordenadas. Así que el comienzo de las devociones familiares es precisamente eso: una mesa abarrotada y desordenada.

Una vez que se sirvió el aperitivo, tuve su atención relativa. Permíteme enfatizar la palabra *relativa*. Si lo que imaginamos en cuanto a las devociones familiares es una mesa de niños tranquilos que nos miran con ojos grandes y curiosos, dicen sus respuestas de la escuela dominical con voces dulces cuando se les pregunta, y luego cruzan las manos y esperan su turno para orar, bueno, estarás esperando toda tu vida por las devociones familiares. Si nuestro objetivo fuera hacer algo perfecto, seguiríamos sin hacer nada. Sin embargo, ese no es el objetivo; el objetivo es simplemente hacer algo, y un algo desordenado sigue siendo algo.

Esa noche, leímos un versículo juntos y les hice algunas preguntas. No recuerdo cuáles fueron. Apuesto a que mis hijos tampoco. Pero lo que sí sé es que, desde entonces, hemos estado haciendo lo mismo todos los miércoles por la noche.

Ahora, los miércoles por la noche, por costumbre, nos encontramos en una mesa desordenada, todavía con los restos de la cena y llena de migas de nuevos aperitivos. A veces hacemos espacios en la mesa a fin de poner una hoja de papel donde dibujarán acerca de lo que Lauren y yo estamos hablando. A veces siguen la historia en una Biblia ilustrada. A veces intentamos memorizar juntos un versículo o una línea de un catecismo. A menudo, Lauren o yo intentamos enseñar alguna verdad básica o simplemente leer un devocional. Siempre les damos la oportunidad de hacer preguntas sobre lo que leemos o acerca de la vida o cualquier otra cosa. Siempre intentamos terminar pidiendo que cada persona haga una breve oración sobre algo. Siempre es ruidoso, entrecortado y desordenado, pero tiene su encanto.

En la historia de Dios, las cosas desordenadas son cosas que aún merecen ser amadas, y vale la pena detenerse en ellas por un momento.

La gracia significa que Dios puede amar las cosas desordenadas

Para muchos padres, no hay nada más intimidante que la idea de leer la Biblia u orar juntos. El miedo a cómo sucederá esto, y a qué sucederá exactamente, es lo que a menudo impide que se haga algo. ¿Qué diremos? ¿Nos sentiremos avergonzados? No sabemos realmente qué enseñar o de qué hablar. A menudo, este miedo al desorden es lo que nos mantiene estancados en la nada.

Sin embargo, considera que tal vez lo que más necesitan nuestros hijos es vernos torpes en algo. ¿Y si la búsqueda de la familia perfecta, bien educada y planificada estuviera minando uno de los aspectos formativos clave de tu familia? El espacio para compartir un desorden y proclamar que Dios ama las cosas desordenadas como nosotros. ¿Y si esta verdad fundamental fuera precisamente lo que estás modelando para tus hijos durante las devociones familiares?

Para reflexionar sobre este punto, considera algunas historias de la vida de Jesús.

Jesús y los niños desordenados

Hay un pasaje notable contado en Mateo y Lucas sobre unos padres que llevan a sus hijos a Jesús.[1] Me encanta esta historia, en primer lugar, por el sincero deseo de los padres. Deben haber pensado que Jesús era realmente alguien especial, porque querían desesperadamente que tocara a sus hijos. Que les dijera una palabra. Que se acercara. Me gusta imaginar esa parte de ellos que es la mejor de los padres: esa parte de nosotros que anhela en silencio que nuestros hijos experimenten un poco de Dios, porque sabemos que un poco de Dios es suficiente para cambiar a cualquiera.

No obstante, también imagino que esta escena no puede haber consistido en una fila ordenada de padres arrastrando a niños silenciosos hacia delante para recibir una solemne bendición en sus frentes. El relato de Lucas señala que los padres llevaban a los niños —¡incluso bebés!— lo cual probablemente significaba lo que ustedes creen que significa: el escenario estaba lleno de niños que no podían dejar de llorar, no podían comportarse, no podían esperar en la fila y demás. Probablemente fue una situación ruidosa y desordenada, y los niños debieron haber participado, porque Jesús no dijo: «Dejen que los adultos traigan a los niños a mí». Él dijo: «Dejen que los niños vengan a mí». Al

1. Mateo 19:13-15; Lucas 18:15-17.

parecer, ellos querían hacerlo. Y eso señala la realidad subyacente a este pasaje que es tan notable. Jesús es realmente accesible. Incluso debió ser simpático.

No sé muy bien qué pensar de los niños del siglo primero, pero mi mejor suposición es que eran como los niños normales de ahora. Probablemente querían treparse sobre Jesús y tirarle del pelo, tal vez del lóbulo de la oreja. Tal vez por eso los discípulos pensaron que había que volver a los asuntos serios.

Sin embargo, a Jesús al parecer le gustaban más los niños. Probablemente Jesús hacía ruidos graciosos y les sacaba la lengua. Lo más probable es que los mirara bizco y les contara un chiste, dijera una breve oración con una sonrisa y luego les diera un golpecito en la barriga cuando menos se lo esperaran para hacerlos reír.

Los escritores de los Evangelios sabían lo suficiente como para darse cuenta de que esto que hacía con los niños era bastante significativo para incluirlo en sus relatos, pero como no querían escribir todos los detalles, parecen haberlo reducido a «¿Qué podemos decir? Convertía las sesiones de enseñanza en una guardería».

Y no olvides que todo esto también se aplica a los adultos. ¿Recuerdas la historia que Jesús contó justo antes de esta en Lucas 18 sobre los dos hombres que intentaron orar?[2] Uno caminó con confianza hacia el frente del templo y le agradeció a Dios por las muchas cosas que eran tan buenas de sí mismo, mientras que el otro se quedó atrás, inseguro de cómo se suponía que debía ir al servicio de adoración, y en su lugar solo miró hacia abajo, se golpeó el pecho y pidió ayuda.

Fue el de atrás, cuya vida era un desastre, el que se marchó a casa no solo perdonado, ¡sino jubiloso! Porque resulta que Dios ama las cosas desordenadas. De verdad.

Él ama a las personas rotas. Ama los esfuerzos a medias que no parecen adecuados para los demás. Dios está loco por los niños ruidosos (y los adultos tímidos) que no saben con exactitud

---

2. Lucas 18:10-14.

cómo adorar correctamente, pero vienen y lo intentan de todos modos, porque saben que un poco de Dios es mejor que la nada que tienen.

Esto es lo que los cristianos llaman gracia. Y la gracia es la iglesia en su máxima expresión, el AA de la espiritualidad: pecadores anónimos, donde lo único que tienes que mostrar son tus cicatrices. El único boleto que te permite entrar es la lista de razones por las que deberías ser expulsado.

Entender la gracia en la historia de Dios significa que entendemos que nuestro desorden no se interpone en el camino de la conexión con Dios, sino que es el medio por el cual nos conectamos con Él. Esconder nuestro desorden siempre termina significando que nos escondemos de Dios. Pero llevar nuestro desorden a Jesús es el comienzo de la fe.

Esto tiene una aplicación práctica para los corazones desordenados y las mesas desordenadas.

Acomodarse al desorden

Cuando se trata de la formación espiritual y la familia, la realidad de la gracia debería liberarnos para acercarnos a Dios sin planes sofisticados ni timidez. Nos recuerda que pasar de la nada a algo es un proceso que Dios no rechaza, sino que honra.

Sin embargo, ¿por dónde empezar, ahora que te sientes cómodo con el desorden? Hay muchas opciones. Leer una historia bíblica de un libro de imágenes en la mesa. Memorizar un versículo juntos. Hacer una breve oración para decir a una hora determinada del día. Escuchar las Escrituras en canciones para memorizarlas. Tener un momento de oración después de la cena una vez a la semana. Comprar un libro de devociones familiares y leerlo antes de acostarse, antes del desayuno, o cuando tu familia esté más en sintonía con ese tipo de cosas. Establecer momentos en los que los niños puedan hacer preguntas. Seguir el plan de estudios de la escuela dominical de tus hijos y hacer preguntas al respecto algunas veces los domingos por la noche.

Todas estas son cosas maravillosas en el menú de las devociones familiares. Pero no puedes, ni debes, pedirlo todo a la vez. Como cuando comes en un buen restaurante, te sentirías mal si lo hicieras.

Lo que es mucho mejor es elegir solo una cosa. Y si tienes que elegir una cosa a la que acudir una y otra vez, no puedes equivocarte con verdades simples u oraciones cortas.

Cosas simples: las verdades de la Biblia

Las verdades más radicales son realmente simples.

Dios es real. Él te ama. El bien y el mal existen. El bien vencerá. Estás hecho a imagen de Dios. También estás caído. Jesús murió por ti. También resucitó por ti. El mundo de Dios es hermoso. Tenemos la tarea de cuidarlo. Los hombres y las mujeres existen. Las familias se forman cuando ellos se unen. Las familias son como los ladrillos de un mundo saludable, debemos tratar de mantenerlas unidas y no derribarlas. La oración es real, te cambia tanto como cambia al mundo. La vida es dura, pero Dios está contigo. El sufrimiento llegará, pero te santificará. El amor no es un sentimiento, es un sacrificio, normalmente de pequeñas cosas. Dios te ama, punto. Tus buenas acciones no cambiarán eso; tus malas acciones no cambiarán eso. Yo nunca te dejaré. Mamá tampoco.

Estos son los paradigmas que cambian la vida y se expresan en un par de palabras una vez cada miércoles por la noche. El resto de la semana se trata de vivirlos, sí, pero ¿qué tan poderoso es encontrar un momento en la semana para simplemente decir alguno de ellos en voz alta?

Libramos una gran batalla contra las mentiras cuando hacemos esto, porque así como las verdades más significativas son las más simples, también lo son las mentiras más peligrosas: el mal no existe realmente, no eres realmente digno de amor, tus padres podrían irse, nadie escucha tus oraciones, estás esencialmente solo, las cosas no suceden por una razón, tu cuerpo no importa, eres un accidente cósmico, tienes que luchar para ganarte tu lugar en el mundo, nadie te va a ayudar.

Estas semillas de mentiras son tan pequeñas como dañinas. Y cuando echan raíces en la mente, pueden crecer y agrietar los cimientos de la cabeza y el corazón de cualquier niño. Por lo tanto, es tarea de los padres suplantarlas constantemente enseñando las simples y maravillosas verdades de la Palabra de Dios, una y otra vez.

Apoyarse en los catecismos

Si de repente sientes que tienes que idear un plan maestro de devociones familiares para cubrir todas las áreas esenciales de las verdades simples, te tengo buenas noticias: *nadie tiene que hacer esto.* Somos —¡alabado sea Dios!— parte de una familia eclesiástica histórica y global que a lo largo de miles de años ha perfeccionado formas increíbles y hermosas de ayudar a padres como tú y yo a pensar en la manera de empezar a enseñar a nuestros hijos. Se llaman catecismos.[3]

Imagina los catecismos como el primer juego de bloques de construcción que recibe un niño. Son bloques de madera sencillos, pero resistentes, y permanecerán en la familia durante generaciones.

Los catecismos juegan (intencionadamente) con la capacidad única de los niños para memorizar cosas. Estas son las primeras preguntas de uno que hemos utilizado. Y ten en cuenta que Coulter, a los tres años, por ejemplo, podía decir todo esto con nosotros:

Padre: ¿Quién te hizo?
Hijo: Dios.
Padre: ¿Qué más hizo Dios?
Hijo: Todas las cosas.
Padre: ¿Por qué hizo Dios todas las cosas?
Hijo: Para su propia gloria.[4]

---

3. Ver algunos recursos recomendados al final de este capítulo si necesitas un lugar por donde empezar.
4. Principio del Catecismo para niños pequeños. Viene un enlace al mismo en la sección de recursos.

No solo es ridículamente tierno escuchar a un niño de tres años decir: «Para su propia gloria», sino que es un regalo fenomenal para ellos. Esto planta las semillas de la idea de que Dios es bueno, nos creó y merece ser adorado.

Los catecismos a una edad temprana funcionan como los puntos de apoyo en un muro de escalada. Son cosas sólidas a las que una mente puede aferrarse y comenzar a trabajar.

Cosas cortas: el don de la oración

Si las verdades simples de la Biblia son la forma en que Dios nos habla, la otra cara de la moneda es enseñarles a nuestros hijos a responderle a Dios. Esto es orar. Y para los niños, significa oraciones cortas.

Una de las cosas que intento hacer cada vez que nuestra numerosa familia se va de vacaciones es llevar a cada uno de los chicos a una excursión individual. Un verano, cuando estábamos en la playa, llevé a Ash a comprar unas donas y, por desgracia, nos perdimos. Creí recordar dónde estaba la tienda de donas del año pasado cuando fuimos a la misma playa, pero no llevé teléfono y me equivoqué.

Durante diez o quince minutos, condujimos arriba y abajo por la carretera principal mientras murmuraba:

—La reconoceré cuando la vea, Ash. La reconoceré.

Por último, y afortunadamente, resultó ser cierto. Cuando estacioné la furgoneta en el aparcamiento, dando un puñetazo al aire, Ash dijo en voz baja:

—Papá, sabía que la encontraríamos.

—Ah, ¿sí? —pregunté.

—Sí. Porque oré para que la encontráramos —dijo con confianza y luego añadió—, como cinco veces.

No sabía si reírme, llorar o hacerle preguntas para matizar su forma de orar. Lo primero que pensé fue: «¿Cree que Dios es una máquina expendedora de donas? ¿Qué habría pasado si él oraba y yo no la encontraba? ¿Piensa que el número de veces que pide algo importa?».

Estaba a punto de hacerle algunas de estas preguntas cuando, probablemente gracias a la buena obra del Espíritu Santo, me detuve y pensé: «¿Quiero un niño que le lleve sus pequeñas cosas a Dios sin timidez, lo suficientemente en serio como para contar el número de sus oraciones? ¿O quiero un niño que piense que sus cosas no son lo bastante importantes para Dios y que simplemente no ore en absoluto?».

Como era de esperar, me limité a sonreír y decir: «Me alegro mucho, Ash. Dios respondió a tu oración».

¿Cree Ash que Dios es una máquina expendedora de donas? Quizá, no lo sé. Ya llegaremos a eso. Pero si lo creyera, ¿sería eso tan diferente a mi lucha por pensar que Dios es una máquina expendedora de mi trabajo, salud y felicidad? Mis deseos no son más nobles solo porque son más antiguos. Todos luchamos por conseguir lo que queremos de Dios, en lugar de darnos cuenta de que lo que queremos es simplemente a Él.

Como sea, esa mañana admiré a Ash. Incluso lo envidié. Quiero ser un niño así. Quiero volver a cuando acudía a Jesús con oraciones breves y sinceras y dejaba que Él se encargara del resto.

De alguna manera, olvido una y otra vez que Jesús nos dice que acudamos a Él como lo hacen los niños.[5] Lleno de deseos simples y palabras cortas. Sin pretensiones.

Recuerdo cuando mis padres me enseñaron a hacer oraciones cortas. Tenía seis años y me aterrorizaba irme a la cama todas las noches. Ellos resaltaron un versículo en mi Biblia y me dijeron que me la llevara a la cama y lo leyera. Todavía lo tengo en la punta de la lengua. Treinta y tantos años después, escribo de memoria: «Tú guardarás en completa paz a aquel cuyo pensamiento en ti persevera; porque en ti ha confiado».[6] No importa la traducción de la Biblia. No importa que yo fuera un niño de seis años que no sabía lo que significa «persevera». Había algo mucho

5. Mateo 18:3.
6. Isaías 26:3 (RVR1960).

más fundamental en juego, una simple verdad contenida en una breve oración: Dios está contigo cuando tienes miedo. No estás solo y puedes pensar en Él.

Todavía recuerdo que me lo decía en voz baja, con la cabeza sobre la almohada cuando nadie más estaba despierto. Me acompañaba al campamento cuando me aterrorizaba estar lejos. Me acompañaba en las fiestas de pijamas cuando me sentía solo. Los ecos de aquella joven epifanía espiritual han seguido creciendo a lo largo de los años. Ahora, cuando estoy en medio de mi ansiedad y mis miedos «adultos», con la cabeza sobre la almohada y la mente dando vueltas, una promesa que se puso en marcha hace décadas se renueva una y otra vez: Él está conmigo aquí en este miedo. Mi mente puede pensar en Él. Confío en Él. La paz es posible.

No deberíamos complicarnos la vida enseñando a nuestros hijos a orar. Cuando Jesús nos enseñó a orar, nos dio algo breve y nos encontró donde estábamos. Ora por el pan. Ora por ser liberado. Llama a Dios tu Padre. Una y otra vez en las Escrituras, Jesús nos dice que las oraciones breves y sinceras son las verdaderas, y que las largas y floridas se disfrazan de religión para intentar ganarse la atención de Dios, cuando lo único que Dios quiere es un corazón desesperado.

Cuando oramos en familia por la mañana, cuando invito a un niño a orar conmigo junto a la cama, cuando oramos antes de cenar o les pido que oren después de las oraciones en familia, siempre hay algo en común: *la brevedad*. Es algo real, pero es corto.

A menudo Whit, cuando tiene mucha hambre, pregunta con picardía si puede hacer la oración antes de cenar. Sé lo que va a decir, pero le digo que sí de todos modos. Él dice: «¡Dios, gracias, amén!». Y comienza a comer.

Creo que es un buen chiste, y tampoco es una mala oración, porque a Dios le gustan las cosas cortas, las cosas sencillas y las cosas desordenadas. Y así es como ocurre la vida, y así es como se enseña a orar.

Enseñar a nuestros hijos a orar es un trabajo que se hace ante todo sobre la marcha. No tanto en los bancos y en las mesas de la escuela dominical, sino más bien en los asientos traseros de los coches y al final de las colas del supermercado. Sobre rodillas con rasponazos y atrapadas fallidas de pelotas. Si queremos que nuestros hijos crezcan y quieran a Dios en lugar de las cosas que Él da, podríamos empezar por enseñarles que es un Dios accesible y un Padre cálido y sonriente que no los rechazará por ser inmaduros. Vale la pena querer estar con Dios mismo.

Cuando los niños pequeños oran

Una noche, después de las oraciones familiares, le dijimos a Coulter si tenía alguna pregunta sobre lo que habíamos leído en las devociones. Estaba tan encogido en su silla que su cabeza apenas se elevaba por encima de la mesa. Frunció el ceño, apoyó la barbilla en la mesa y dijo: «Ummmm. Mis hermanos no dejan de molestarme, y alabo a Dios por la piscina».

Apenas tenía tres años en ese momento. Estamos acostumbrados al sinsentido de los niños pequeños, pero esto parecía ser más que eso. Todos nos quedamos mirando en silencio y confundidos hasta que Lauren se dio cuenta de lo que estaba pasando.

«¡Esas son sus peticiones de oración!», proclamó con el triunfo que a menudo sigue a una epifanía de un niño pequeño. «Quiere la ayuda de Dios para saber qué hacer cuando sus hermanos lo molesten, y está agradecido por poder nadar. ¿Verdad, Coulter?».

Él apoyó la cabeza en las manos y suspiró como si fuera evidente: «Sí...». Si hubiera conocido la palabra *obvio*, de seguro la habría usado.

Fue entonces cuando me di cuenta de que este niño de tres años con su cerebro pequeño estaba en un ritmo de compartir peticiones de oración. Aunque se equivocó en la indicación que le dimos (queríamos saber si tenía alguna pregunta), el instinto fue notable. Esperaba que le preguntáramos por qué orar, e incluso cuando no lo hicimos, estaba listo para responder. «¿Para qué necesito que Dios me ayude? ¿Por qué le estoy agradecido?».

Estas eran preguntas que hacíamos todo el tiempo, y esa noche estaban en su mente antes de que las hiciéramos.

Antes de pasar de la nada a algo, no hubiera esperado que solo habiendo participado unas pocas veces en las devociones familiares, la mente y el corazón de un niño de tres años pudieran adaptarse a los ritmos de la oración.

Sin embargo, como el resto de nosotros, los niños tienen hambre de modelos y los captan. Por eso merece la pena elegir los modelos adecuados y no conformarse con los predeterminados.

Afortunadamente, esos modelos no tienen por qué ser complicados. Porque las verdades más poderosas son las más simples, las oraciones más duraderas son las más cortas, los lugares donde se desarrollan estos modelos son los desordenados, y Dios ama las cosas desordenadas.

HÁBITOS DE DEVOCIONES FAMILIARES

FORMANDO NIÑOS

Idea principal

Cuando se trata de devociones familiares, no hablamos de una práctica perfecta, sino de hacer algo en lugar de nada. La gracia significa que Dios ama las cosas pequeñas y desordenadas como nosotros y nuestros hijos. Establecer el hábito de enseñar verdades simples y hacer oraciones cortas es uno de los ritmos más pequeños y poderosos que una familia puede practicar.

Ideas para pasar de la nada a algo

A Dios le encantan las cosas desordenadas. No estás tratando de crear un momento perfecto ni de enseñar una lección bien planificada. Solo estás tratando de crear momentos en los que tú y tus hijos luchen con las Escrituras y oren en voz alta y juntos.

- Busca momentos en los que ya estén reunidos (como el desayuno o la cena).
- Intenten leer juntos un versículo corto un par de veces para memorizarlo.
- Intenten leer un cuento de un libro infantil y luego cada uno comparta algo que le haya gustado (no es necesario que acosen a sus hijos para que digan cosas que los adultos consideran espirituales; dejar que procesen las Escrituras con ustedes es significativo por sí mismo).
- Termina con cada persona diciendo una oración de una frase sobre algo que necesita, o por lo que está agradecida, o por lo que está feliz. Asegúrate de alentar lo que dicen los niños y no corrijas innecesariamente su oración convirtiéndola en algo que sea más maduro de lo que pueden entender.
- Siéntete libre de procesar delante de ellos, señalando cosas que te llamen la atención sobre el pasaje o Dios. Los niños absorben nuestra forma de pensar, así que el simple hecho de ser sincero y abierto delante de ellos es una forma de enseñanza en sí misma.

Recuerda, Dios siempre ha enseñado a su iglesia a través de pecadores arrepentidos. Tu día difícil o tu reciente fracaso no te descalifican para enseñar la gracia, te descalifican para enseñar moralismo. Empieza con el arrepentimiento y la confesión, y siempre acabarás señalando a Jesús.

«Las verdades más radicales son las simples. Las oraciones más genuinas son las cortas».

Diciendo verdades simples y haciendo oraciones cortas

Cosas que puedes intentar para decir verdades simples:

- Intenten leer o memorizar juntos algunas líneas de un catecismo. Para niños pequeños, prueben el Catecismo de la Nueva Ciudad, o para niños mayores, el Catecismo Menor de Westminster. Lo ideal es empezar con una pregunta y una respuesta a la semana.
- Repasa el Padrenuestro o el Credo de los Apóstoles y explica los conceptos. Una vez más, una línea a la semana es suficiente.
- Si tienen lemas familiares, intenta basar uno en un pasaje corto de las Escrituras (por ejemplo: «Tratamos de ser fuertes y valientes» o «Tratamos de estar siempre alegres»).
- Memoriza las Escrituras a través de la música (*Biper y sus Amigos* combina las Escrituras con una música realmente genial que tú también disfrutarás).

Cosas que probar para hacer oraciones cortas:

- Orar juntos cuando se encuentren en necesidad.
- Invitarlos a orar antes de una comida.
- Orar por ellos, en voz alta, cuando compartan algo que sientan o necesiten.
- Considera orar con ellos antes de ir a la escuela o antes de acostarse (consulta el capítulo sobre la hora de acostarse para ver ejemplos).
- Oren juntos después de una pelea familiar.

Recursos adicionales

DEVOCIONES

Teach Us to Pray: Scripture-Centered Family Worship through the Year, Lora A. Copley y Elizabeth Vander Haagen (este es el mejor recurso que hemos encontrado para incorporar a niños pequeños y mayores a las devociones)

What Every Child Should Know about Prayer, Nancy Guthrie (para niños de cuatro años en adelante)

Foundations: Twelve Biblical Truths to Shape a Family, Ruth Chou Simons y Troy Simons (para devociones familiares, a partir de ocho años)

Puedes contar con Dios: 100 Devocionales para niños, Max Lucado (a partir de seis años)

The Ology: Ancient Truths Ever New, Marty Machowski (a partir de seis años)

¡Cuán grande es nuestro Dios! Louie Giglio (a partir de seis años)

Indescriptible: 100 devocionales sobre Dios y la ciencia, Louie Giglio (a partir de seis años)

CATECISMOS

El Catecismo de la Nueva Ciudad

Catecismo para Niños Pequeños: Una introducción al Catecismo Menor (Esta es la mejor fuente que hemos encontrado para niños pequeños, de dos años en adelante. Puedes ver una versión en línea en https://gdsmedia.org/wp-content/content/downloads/2012/04/Catecismo-Doctrinal-para-Ninos-Pequenos.pdf).

El Catecismo Menor de Westminster

BIBLIAS

Historias bíblicas de Jesús para niños, Sally Lloyd-Jones (a partir de dos años)

La Biblia en acción, Doug Mauss y Sergio Cariello (a partir de cinco años)

Mi primera Biblia práctica, Tyndale House (de dos a cinco años)

Una nota sobre la adaptación

La edad y la etapa de la vida son factores muy importantes a la hora de determinar cómo se desarrollarán las Escrituras y la oración en la familia. Considera algunos de los siguientes movimientos a medida que los niños crezcan:

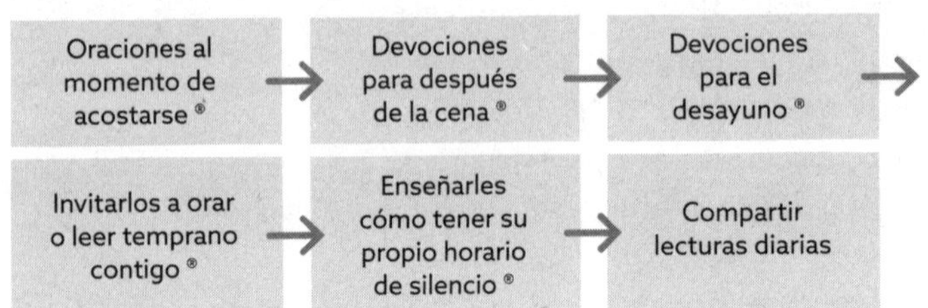

Siempre necesitamos el recordatorio de la gracia: El amor de Dios inspira nuestras acciones, pero nuestras acciones no inspiran el amor de Dios. Nuestros hábitos familiares no cambiarán el amor de Dios por nosotros, pero el amor de Dios por nosotros debería cambiar nuestros hábitos familiares.

CAPÍTULO 6

MATRIMONIO

El miércoles por la noche, la semana nos parece demasiado larga y demasiado corta a la vez. Estamos tan enfrascados en tantas cosas que nos sentimos cansados y ocupados, pero aún nos encontramos bastante lejos del fin de semana como para sentir que el trabajo está cerca de terminar. Queda demasiado por hacer, el desorden en la casa empieza a acumularse y sentimos que tenemos que ponernos al día. Sin embargo, es aquí, en medio del estado de ánimo de un miércoles por la noche, cuando Lauren y yo acostamos a los niños y lo dejamos todo. No abrimos los ordenadores para trabajar. No terminamos de lavar la ropa sucia. No hacemos un seguimiento de las citas médicas de los niños. No hacemos nada de lo que «se supone» que debemos hacer, porque los miércoles por la noche son noches de cita.

Aquí hay una extraña paradoja: en la noche de la cita, se ignora todo el trabajo del hogar para poder centrarse en lo único que mantiene el hogar en funcionamiento, el matrimonio.

Es una ficción terrible imaginar que podemos ser buenos padres y madres sin ser buenos esposos y esposas. En la historia de Dios, la fuerza del hogar depende de la fuerza del matrimonio. Esto puede ser lo más práctico —y lo más profundo— que hacemos. Así que dediquemos un momento aquí, en medio de este libro, para hablar sobre el hábito que mantiene unidos a todos los demás hábitos: el hábito del amor de pacto.

El matrimonio y la importancia bíblica del amor de pacto

La historia del mundo comienza y termina en una boda.[1]

Al principio, hay palabras y luz, canto y descanso, frutas y animales, sí. Pero en el centro de todo eso está la unión de los primeros novios. Casi como si todo lo demás fuera la procesión, los personajes entran en fila, toman asiento y esperan el gran momento. El escenario de la creación está preparado para una ceremonia: el hombre conoce a la mujer. Hay suspense: el hombre sale al escenario y Dios dice: «Estás solo. ¡Esto no es bueno!». Luego tiene lugar la gran revelación: «¡Aquí está la novia!». Y en el momento en que el hombre y la mujer se contemplan el uno al otro, la creación canta, y también lo hace Adán. Hay poesía y maravilla, carne y hueso, y la promesa de una nueva vida. El matrimonio es el comienzo de toda esta historia.

Sin embargo, el matrimonio también es el final de la historia. Al final de los tiempos, hay fuego y nubes, soles y lunas, árboles y nuevas ciudades, pero una vez más, se trata del estruendo y la explosión para otra ceremonia, más grande esta vez. No es una fiesta íntima en el jardín, sino una celebración cósmica, porque la guerra ha terminado y se ha ganado la paz. El reino se reúne y es hora de que el rey y la reina se casen. Este es el matrimonio de Dios con su pueblo, la iglesia y el amante de la iglesia, siempre enamorados y ahora finalmente unidos.

Así es como el arco de las Escrituras se inclina de boda en boda, y el amor del pacto de Dios los conecta.

El matrimonio, entonces, no es *un* gran tema de las Escrituras. Es *el* gran tema de las Escrituras. El amor de pacto es lo que le da forma a toda la narrativa.

Resulta importante definir este término, *amor de pacto*. Hay dos significados de la palabra *amor* tal y como la usamos normalmente: el primero es un sentimiento, el segundo es un pacto.

---

1. Herman Bavinck, *The Christian Family* (1908).

Primero, veamos el amor como sentimiento. Este es el significado que más usamos, aunque en realidad es solo egoísmo disfrazado de amor. Es el tipo de amor que dice: «Te quiero por cómo me haces sentir». Pero si esto es lo que significa el amor, entonces realmente solo amamos a alguien por lo que obtenemos de la persona. El amor como sentimiento es condicional y se basa en un sentido de libertad individual: «Te amaré, siempre y cuando me haga feliz, pero luego soy libre de dejarte».

El segundo uso es totalmente diferente: este es el amor como promesa o amor de pacto. El amor de pacto es completamente lo opuesto al amor como sentimiento. El amor de pacto dice: «Te amo a pesar de lo que me cueste». Esta, por supuesto, es la historia bíblica del amor. Dios ama a su novia, la iglesia, a pesar de toda nuestra necedad y adulterio. «Aunque me pueda destruir», dice en Jesús, «te amaré». Esto es el amor como acción, un compromiso en el que se renuncia a la libertad individual para que el amor pueda florecer. Por eso los votos matrimoniales dicen: «En la salud y en la enfermedad, en la riqueza y en la pobreza, en las buenas y en las malas, hasta que la muerte nos separe».

Y resulta que, paradójicamente, el amor que dice: «Te amaré a pesar de cómo me sienta» es el que conduce a la libertad y la felicidad. Así pues, el amor de pacto es una de las cosas más importantes que enseñará la escuela del amor. Cuando practicamos el amor de pacto, les enseñamos a nuestros hijos que el amor no es algo que dejes de practicar solo porque dejes de sentirte así. No, el amor es algo que finalmente sientes porque sigues practicándolo. Es actuando como personas enamoradas como nos convertimos en personas enamoradas. No al revés.

Nos hemos detenido aquí en medio del libro para considerar el matrimonio porque la escuela del amor se basa en que los padres practiquen el amor de pacto. Pero anímate, esto no está tan destinado al fracaso como parece. Practicar el amor de pacto no significa fingir que el matrimonio es fácil. Es todo lo contrario; significa admitir que el matrimonio es difícil y que hay que intentarlo de todos modos. Y en esa lucha, no estás solo.

Todos nosotros, como esposos y esposas, estamos luchando para amarnos bien.

Si aún no has pasado por momentos realmente difíciles en tu matrimonio, llegarán. Es la norma, no la excepción. Pero el hecho de que el matrimonio sea realmente difícil no es una señal de que estés fallando, es una señal de que el matrimonio está funcionando. Se supone que amar a alguien a pesar de todos sus defectos y a pesar de todos los tuyos es una tarea difícil y santificadora. Es una de las formas en que nos parecemos más a Cristo.[2] Por eso hacemos de practicar el pacto un hábito.

La noche de cita como un hábito de ensayar el pacto

Como práctica, la noche de cita es bastante simple. Reservan una noche para estar juntos en algún momento de la semana (ya sea dentro o fuera de casa) y se atienen a ello. Saben que estarán demasiado ocupados y cansados, pero por eso lo programan.

Quizás vean una película, o quizás tengan una salida nocturna. Quizás cocinen juntos o quizás se lean algo el uno al otro. Quizás den un paseo o se sienten a tomar una copa de vino. Hagan lo que hagan, deben saber que saldrá mal con la misma frecuencia que saldrá bien. Esperaban conversar, pero en cambio están peleando. Tenían una reservación en algún lugar para cenar, pero los niños se enfermaron. Ordenaron comida para llevar, pero uno de ustedes está enojado porque se pasaron del presupuesto. Esperaban algo romántico, pero resulta que él no deja de mirar el marcador de un partido o que ella no deja de mirar su teléfono.

Nunca es como se suponía que iba a ser. Pero lo intentas de todos modos. Porque esa no es solo la historia de una noche de cita, es la historia del matrimonio. Los pecadores que intentan amarse nunca resultan como pensábamos, pero seguimos adelante porque hicimos un pacto.

---

2. Efesios 5:21-27.

En este sentido, la rutina aparentemente simple de la cita semanal es algo mucho más poderoso: es una forma de ensayar ese pacto.

Al principio de nuestro matrimonio, a Lauren y a mí nos aconsejaron que reserváramos tiempo cada semana para estar juntos. Seguimos el consejo, aunque al principio del matrimonio nos pareció un poco tonto. En ese momento, a fin de cuentas, pasábamos todo el tiempo juntos; ¿por qué enfocarnos en una noche concreta? Sin embargo, mirando en retrospectiva, ahora es mucho más obvio. Como pasábamos todo el tiempo juntos, necesitábamos reservar un tiempo y un espacio especiales e intencionados, de modo que no todo se convirtiera en una cadena borrosa y monótona de estar juntos. En la actualidad es un poco lo contrario. Si no reserváramos una noche de cita cada semana, nunca nos veríamos. Hay muchas cosas más que hacer. Así que, tanto en épocas de superávit como de déficit, la noche de cita desempeña el mismo papel: nos reunimos a fin de crear un espacio diferente para el matrimonio.

Para nosotros, a menudo esto consiste simplemente en dejar los teléfonos y sentarnos en el sofá y tomar una copa de vino o un cóctel juntos. Tal vez disfrutemos de un postre, solo para que la noche sea especial. De vez en cuando vemos una película juntos. Quizás una vez al mes contratamos a una niñera y salimos a cenar o a tomar algo. Pero siempre intentamos encontrar el tiempo y el espacio para estar juntos y compartir una conversación o una risa. Siempre intentamos encontrar el tiempo para el sexo. Siempre intentamos asegurarnos de que nos estamos comunicando emocionalmente y hallar alguna forma de decir que somos más que padres: somos compañeros de trabajo, somos amigos, somos amantes.

Como ya se ha mencionado, esto no siempre tiene que hacerse fuera de casa. Y, desde luego, no tiene por qué requerir gastar dinero. Hay muchas formas de crear ese espacio para el matrimonio dentro de la casa. Al mismo tiempo, creo que es útil señalar la importancia de sentirse cómodo con las niñeras para poder salir de casa con regularidad.

Los niños exigen atención constantemente. Sin embargo, una de las cosas fundamentales que necesitamos en nuestro matrimonio es darle la atención indivisa a nuestro cónyuge, y también recibirla de su parte. Sí, somos padres, pero primero somos marido y mujer. Y si no trabajamos para hacerlo bien como marido y mujer, nuestro trabajo de padres será en vano. No se puede enseñar el amor sin encarnarlo.

Por lo tanto, la crianza de los hijos debe incluir el valor primordial de que se pueda tener tiempo para alejarse de la crianza. La crianza de los hijos es un trabajo realmente duro y, como en todo trabajo, necesitamos un descanso para hacerlo bien. Por eso el cuidado de los niños es tan valioso para el matrimonio. Esto puede implicar a familiares que cuidan a los niños de forma gratuita, a amigos a los que tú también les cuidas sus hijos, a hijos mayores que cuidan a los más pequeños, o a una ayuda contratada;[3] sin importar cómo sea, tendrás que gastar dinero o capital relacional para que funcione. Y quiero que sepas que el gasto merece la pena, porque revela el valor que le das a tu matrimonio.

Sin embargo, contratemos o no a una niñera, el objetivo de la noche de cita es que hagamos un hábito de estar juntos sin los niños.

Como afirma la tesis de este libro, nuestros mejores momentos de significado se esconden en los momentos ordinarios. Sin el ritmo monótono de las citas de los miércoles por la noche, no podría saber qué pensaba Lauren sobre ese titular, ella no sabría lo que yo sentía realmente por lo que sucedió con Shep a principios de esa semana, ni tendría idea de mis sueños o preocupaciones en el trabajo, y yo no sabría cuáles son sus mayores esperanzas para el proyecto de consultoría en el que acababa de participar, o por

3. Ten en cuenta que dejar que otras personas cuiden a tus hijos con regularidad es bueno para ellos y también para el hogar. Ayuda a disipar la ilusión de que tú y solo tú puedes proteger a tus hijos, que solo tú puedes enseñarles, que solo tú eres lo mejor para ellos. Reconoce la realidad de que todos necesitamos ayuda. Es saludable reconocerlo. Es más, les permite a tus hijos la bendición de aprender y comprender diferentes tipos de autoridad y amistad. Crear vínculos con tías o amigos de la familia, con abuelos o niñeras es una habilidad especialmente útil y un refuerzo maravilloso de la idea de que el hogar gira en torno a muchas personas.

qué está tan frustrada por ese mensaje que le envié. Pero en los momentos comunes que compartimos juntos, no solo descubrimos estas cosas, sino que nos encontramos el uno al otro.

Regalar habitualmente tiempo a solas

Uno de los temas de este libro es reconocer lo difícil que es la crianza de los hijos. Esta es una tarea increíblemente ardua que nos exige todo casi todo el tiempo, por lo que uno de los mejores regalos que podemos hacerle a nuestro cónyuge es un descanso de la crianza de los hijos: algo de tiempo a solas. Uno de los regalos del matrimonio es que podemos hacer esto el uno por el otro. Por ejemplo, si el miércoles por la noche es la noche de la cita, el martes por la noche es la noche de los chicos. Esa es la ocasión en que le digo a Lauren: «Sal de casa. Ve a trabajar en el ordenador, ve a ver a un amigo, ve a comprarte una cena, ve de compras, ve a conducir un rato, ve a sentarte tranquila, ve a mirar al cielo o simplemente ve a hacer lo que sea que necesites para sentirte como un ser humano normal de nuevo». Es imposible subestimar el regalo que esto supone para un padre que está en casa todo el día con los niños. El don del silencio podría ser el mejor momento de oración que tengan esa semana. El momento de no tener que pensar podría convertirse en la reflexión más significativa de su año.

Como marido y mujer, una de las cosas a las que nos comprometemos es a ayudar al otro a ser santo, no solo feliz.[4] Una parte de esto significa recordar que no eres solo un padre y relacionarte con Dios como un ser humano completo. No hay que esperar hasta que nuestros hijos crezcan: esto debe convertirse en un hábito regular para ambos padres, y el matrimonio es el único entorno adecuado para ello.

---

4. «Esposos, amen a sus esposas, así como Cristo amó a la iglesia y se entregó por ella para hacerla santa. Él la purificó, lavándola con agua mediante la palabra, para presentársela a sí mismo como una iglesia radiante, sin mancha ni arruga ni ninguna otra imperfección, sino santa e intachable» (Efesios 5:25-27).

Hábitos de mostrar afecto

Para ser el mejor padre posible para mis hijos, quiero que vean mi compromiso de amar a Lauren. Gran parte de esto no lo entenderán cuando sean pequeños, pero el hecho de que no lo entiendan todo no significa que no se den cuenta de todo. No hay forma de esconderse de tu familia; los niños perciben todo, aunque puedan interpretarlo más tarde.

Ellos ven cómo le hablo cuando estoy cansado. Ven cómo la abrazo por la mañana. Escuchan cuando nos hablamos con brusquedad. Observan cuando estamos fríos el uno con el otro. Se dan cuenta si nos damos la mano mientras conducimos, y también se dan cuenta cuando nos gritamos mientras cargamos el auto. Observan la forma en que decimos «te quiero» y la forma en que decimos «lo siento».

Por ejemplo, creo que uno de nuestros mejores momentos como padres fue una mañana en la que le dije algo de forma brusca e impaciente a Lauren solo porque estaba frustrado por llegar tarde al trabajo. Todos los niños se encontraban en la cocina. «No seas grosero conmigo solo porque estás enfadado», dijo ella con firmeza. Y tenía razón. Tuve que disculparme, allí mismo, delante de todos, y ella tuvo que perdonarme y besarme para demostrarlo. Me alegré mucho por ese momento.

Como has leído, una de las cosas que les digo a mis hijos casi todas las noches es que los amaré sin importar lo que hagan. Les prometo en todo momento que nunca los dejaré. Pero son niños, y aunque las palabras son muy importantes, definitivamente no lo son tanto como la vida que vivo frente a ellos. Cuando amo a Lauren frente a los niños, lo estoy demostrando.

Cuando practico el pacto matrimonial en nuestra familia, les enseño a mis hijos que el amor es real de una manera en que las palabras por sí solas no pueden enseñárselos. Y ellos lo necesitan. En el mejor de los casos, nos ven trabajar en el amor. Nos ven reconciliarnos cuando nos equivocamos y actuar con amor incluso cuando no nos apetece.

Estas cosas pueden convertirse en hábitos, aunque las prescripciones pueden ser diferentes en dependencia de lo que sea natural para tu matrimonio. Quizás sea besarse cuando uno de los dos llega a casa. Quizás sea hablar siempre bien el uno del otro delante de los niños. Quizás sea comprometerse a pedir perdón públicamente si se pelean en público. Quizás sea contarles historias a tus hijos sobre por qué amas tanto a tu cónyuge. En este tipo de cosas, inventarás tus hábitos mejor que nadie. Solo recuerda que las pequeñas cosas que haces habitualmente delante de tus hijos son una parte enorme del legado matrimonial que les dejas, y eso no es una carga, es un regalo y una oportunidad.

El hábito de revisar nuestra crianza

De vez en cuando, durante una noche de cita o en algún otro momento reservado, Lauren y yo hablamos sobre cómo estamos actuando como padres y cómo los niños se están sintiendo. No hay una fórmula para esto, es simplemente un tiempo reservado en el que nos preguntamos: ¿Qué están experimentando los niños? ¿Cómo estamos respondiendo? ¿Qué nos hace sentir bien? ¿De qué nos sentimos culpables? ¿Cómo podemos aceptar la gracia de Dios por esa culpa, y cómo podemos apoyarnos en su llamado para lo que debemos hacer mejor?

Estos momentos son inevitablemente muy valiosos para ambos. A menudo estamos tan enfrascados en la batalla diaria que ella puede no saber que tuve una conversación importante con Ash, o yo puedo no saber que ella leyó un buen libro que nos ayudaría con la disciplina, o que ambos estábamos pensando de manera diferente sobre cómo manejar la edad y la etapa de Coulter. Para nosotros, las revisiones de la crianza son en parte divertidas, en parte difíciles, en parte interesantes y en parte desafiantes.

Por lo general, se planifican con antelación. Por ejemplo, acordamos que la próxima noche de cita nuestra conversación girará en torno a una revisión de lo que estamos haciendo en la tarea de la crianza. Usualmente llevamos un diario para poder escribir cosas y ver lo que anotamos la última vez. Y con regularidad intentamos orar o comprometernos a orar por algo de lo que hablamos. Pero aparte de eso, no es más que crear un espacio para hablar de cómo nos va.

El hábito de soñar juntos

Una de mis cosas favoritas para hacer con Lauren, ya sea en una noche de cita, en unas vacaciones o en un largo viaje en auto es preguntarle qué está pensando con respecto al futuro y decirle qué estoy pensando yo. Hay una serie de preguntas aquí. ¿De qué amigo desearía estar más cerca? ¿Qué espera al volver al trabajo? ¿Qué está roto que necesitamos arreglar en nuestras rutinas? ¿Qué objetivos espera lograr o en cúales está trabajando? ¿Hacia dónde cree que se dirige nuestra familia? ¿Qué podemos hacer al respecto? Espero poder responderle con mis propias ideas o que ella me pregunte también.

En el mejor de los casos, estas son preguntas que tratan de entender algo que no está necesariamente en la superficie de la relación. ¿Qué esperas? ¿Con qué sueñas? Y esto es muy importante, porque si no entendemos los sueños de nuestro cónyuge, o los malinterpretamos, casi garantizamos rencores, dolor y peleas. La vida ya es bastante difícil, y una forma de unirnos es al menos sabiendo con qué sueña tu cónyuge y qué espera. Ese es el comienzo de soñar con ellos y luchar por ellos.

Encontrar a Jesús a través del matrimonio

Al final, todo este asunto de practicar el pacto es solo una forma de decir que estamos tratando de amarnos unos a otros como Jesús nos ama. Lo cual es algo radical.

El amor incondicional de Jesús significa que, sin importar lo que hayamos hecho o dejado de hacer, Él nos ama y nos renueva de todos modos. Es sobre esta promesa fundamental de gracia que podemos tener el valor de hacerle promesas a nuestra familia.

Para ser claros, estas son promesas temibles. En el pacto matrimonial, prometemos mirar a la muerte y a la pérdida a la cara y amarnos de todos modos. Prometemos mirar al abismo y, temblando, estirar la mano hacia el otro. El matrimonio es lo más tonto y hermoso que hacemos. Quizás por eso es lo que hace o deshace todo lo demás que llevamos a cabo.

No obstante, anímate, porque si esto parece difícil, recuerda que es solo una santa imitación de nuestra relación de pacto con Dios. No estamos inventando esto; solo estamos bailando al son de la melodía que oímos. Estamos imitando la boda que vemos al final de los tiempos. Como el matrimonio, seguir a Jesús es una apuesta que demanda todo de ti. Estamos respondiendo al atronador llamamiento del altar, a dejarlo todo y venir a casarnos con Dios. En esta apuesta celestial, arriesgamos nuestras vidas por otra persona. Entregamos lo que tenemos ahora por lo que vendrá después. Afirmamos que el camino hacia arriba es el camino hacia abajo. Nos convertimos en extraños para el mundo para poder ser amigos de Dios. Admitimos que no podemos encontrarnos a nosotros mismos hasta que nos encontremos en Él.

El matrimonio es radical porque el cristianismo es radical, y eso es algo hermoso para mostrarles a nuestros hijos. Es un reconocimiento al Dios que nos ha amado hasta llevarnos a amar. Cuando ensayamos el pacto del matrimonio frente a ellos, ensayamos la promesa de nuestra propia salvación frente a ellos: Dios es un Dios que nunca renuncia al amor, así que nosotros tampoco lo haremos.

HÁBITOS DEL MATRIMONIO

FORMANDO PADRES

Idea principal

El amor de pacto del matrimonio es la base del amor en la familia. Los hábitos de trabajar en el amor de pacto revelan la verdad fundamental de la familia: el amor vinculante nos libera.

Ideas para hacer de la noche de cita un ritmo

Cosas que intentar:

- Elige una noche de la semana que se convertirá en una noche de cita habitual. No importa cuán informal resulte, haz que sea una noche intencional. Si usas un calendario compartido, anótalo allí.
- No sientas la presión de salir de casa, simplemente crea un espacio sin distracciones en tu hogar.
- Conversa acerca de si contratar más niñeras sería bueno para el matrimonio.
- Ten listas de preguntas preparadas para tu cónyuge; sácalas en las noches de la conversación (ver algunos ejemplos a continuación).
- Utiliza esta noche de cita como una forma de conectarte de modo habitual tanto física como emocionalmente.

Preguntas para chequear cómo está la crianza

- ¿Qué va bien? ¿Qué es difícil?
- ¿En qué necesitas mi ayuda?
- ¿Con quién te estás conectando bien? ¿Con quién tienes problemas para conectarte?
- ¿Cómo va la disciplina?
- ¿Cómo está cada niño en cuanto a su desarrollo? ¿Académicamente? ¿Físicamente? ¿Espiritualmente? ¿Desarrollo del carácter?

- ¿Estamos demasiado ocupados para criar bien a nuestros hijos? ¿Estamos demasiado ocupados como familia?
- ¿Cómo estamos guiando a nuestros hijos hacia Jesús?
- ¿Necesitamos disculparnos por algo?
- ¿Necesitas tener una charla individual o una conversación importante con un niño en particular?

«La historia del mundo comienza y termina en una boda».

Preguntas para la noche de cita

- ¿Qué te da alegría? ¿Qué te preocupa?
- Cuando imaginas a Jesús mirándote, ¿cuál es la expresión de su rostro?
- ¿Con qué te encuentras soñando despierto continuamente?
- ¿Qué puedo hacer para quererte más? ¿Para animarte más? ¿Para apoyarte mejor?
- ¿Qué actividad diaria o semanal quieres empezar? ¿Cuál quieres dejar?
- ¿Qué has hecho recientemente de lo que estás orgulloso?
- ¿Quién es tu mejor amigo ahora mismo? ¿De quién quieres estar más cerca?
- ¿Qué estás leyendo, escuchando o viendo que te resulte interesante?

Ideas para regalar tiempo a solas

- Una noche fija en la que uno de los padres cena y se va solo a la cama (para que el otro pueda salir de casa o simplemente relajarse).
- Fines de semana fuera con amigos o amigas.
- Salidas los sábados por la mañana con uno solo de los padres.
- Si uno de los padres tiene que viajar, intenten darle al otro algo de tiempo libre cuando el padre que viajó regrese.

Recursos adicionales

SOBRE EL MATRIMONIO

El significado del matrimonio: Cómo enfrentar las complejidades del compromiso con la sabiduría de Dios, Timothy Keller con Kathy Keller.

Two-Part Invention: The Story of a Marriage, Madeleine L'Engle.

CONVERSACIONES SOBRE CÓMO SER PADRES Y LA ESPIRITUALIDAD EN EL HOGAR

The Domestic Monastery, Ronald Rolheiser (este es un fantástico pequeño libro sobre la espiritualidad en el hogar).

Discipulado familiar, Matt Chandler y Adam Griffin, audiolibro, https://www.bookey.app/es/audiobook/discipulado-familiar (este es un libro útil sobre el discipulado en el hogar).

Una nota sobre la adaptación

Si estás divorciado o eres padre soltero, este puede ser un capítulo muy difícil. Si es así, no pretendo aplicarlo a ti. Solo te animaré amablemente diciéndote que el amor de Dios por ti es más real de lo que cualquiera de nosotros sabe, y ese es el amor que al final cura todo el dolor.

Siempre necesitamos el recordatorio de la gracia: El amor de Dios inspira nuestras acciones, pero nuestras acciones no inspiran el amor de Dios. Nuestros hábitos familiares no cambiarán el amor de Dios por nosotros, pero el amor de Dios por nosotros debería cambiar nuestros hábitos familiares.

CAPÍTULO 7

TRABAJO

Tengo un vívido recuerdo de cuando era niño y veía a mi padre y a mi tío Chas trabajando juntos en la motocicleta de mi padre. Recuerdo que el garaje estaba pintado de rojo y que había llaves inglesas por el suelo, debajo de la moto. Recuerdo que la motocicleta Yamaha de 250 cc nunca funcionaba, excepto una vez al año, después de un par de días de trabajar en ella. Pero esto era una especie de ritual anual y, para mí, de niño, era el lugar donde quería estar. Así que me quedaba a un lado esperando a que alguien me pidiera ayuda.

Cuando mi padre finalmente levantaba la vista y decía: «Oye, ¿puedes pasarme esa llave?», cualquiera habría pensado que acababa de ser reclutado en las Grandes Ligas, me habían pedido que fuera Secretario de Estado o me habían seleccionado para los Navy SEALs. Me sentía encantado, porque ahora estaba involucrado. «¿Qué llave necesitas?». Estaba emocionado por demostrar que sabía la diferencia, aunque no fuera así. Quizás podría sugerir la correcta, me preguntaba, o incluso darle media vuelta. Las posibilidades eran infinitas.

En el fondo, un niño desea ser incluido en el trabajo de la persona que lo ama. Mi padre me amaba. Yo lo amaba a él. Y deseaba desesperadamente que me invitara a participar en su trabajo.

Puede que crezcamos, pero nunca dejamos de anhelar trabajar junto a quien nos ama. Porque en la historia de Dios, fuimos hechos para trabajar.

El trabajo en la historia de Dios

Quizás no haya una forma más sencilla de entender el llamado al trabajo de Génesis que esta: estamos invitados a participar en la obra del Dios que nos ama. Estamos hechos para esto. Por eso, nuestro trabajo se convierte inevitablemente en una de nuestras mayores bendiciones, o en una de nuestras mayores cargas. Así de importante es el trabajo espiritualmente.

Cuando reducimos el trabajo a un medio de ingresos, le quitamos la dignidad espiritual, y eso siempre terminará robándonos algo de dignidad también. Esto es cierto tanto si estamos en una temporada de trabajo satisfactorio, de trabajo duro o incluso de ningún trabajo. La forma en que afrontemos esas bendiciones o cargas siempre será fundamental para nuestra espiritualidad. Así que el trabajo no es solo una forma de llegar a fin de mes, sino que se entiende mejor como un fin que le da sentido a la vida. Si el trabajo es realmente tan importante espiritualmente, entonces formar a nuestros hijos en la profunda comprensión de que Dios nos creó para trabajar junto a Él, y para disfrutar de ese trabajo, es primordial para criar a un niño.

Sin embargo, por muchas razones, esto no es nada fácil. A menudo, el trabajo que hacemos dentro de casa se degrada injustamente a «tareas domésticas», el trabajo que hacemos fuera de casa es invisible para ellos, y el resto del trabajo que hacemos en las pantallas no lo pueden ver ni entender.

Podríamos esperar a que nuestros hijos llegaran a la escuela secundaria y luego entregarles un libro sobre la teología del trabajo; no obstante, ¿por qué esperar cuando los hábitos del hogar pueden sentar tantas bases para formar a un niño de modo que comprenda la dignidad espiritual del trabajo, tanto dentro como fuera del hogar?

Para ello, podemos practicar:

1. Hábitos de hablar sobre el trabajo.
2. Hábitos de invitarlos a participar en las tareas del hogar.
3. Hábitos de dejar que vean el trabajo fuera del hogar.

1. Practicar hábitos de hablar sobre el trabajo

Recuerdo que cuando Whit tenía solo dos años, volvíamos de una celebración navideña fuera de la ciudad con la familia y Lauren iba a dejarme en el bufete de abogados para que pudiera terminar algunos proyectos antes del año nuevo.

Comprensiblemente molesto porque terminaban las vacaciones juntos, Whit se quejó: «¿Por qué tienes que volver al trabajo?».

Quizás fui demasiado ambicioso en mi idea de lo que era posible enseñarle a un niño de dos años, así que le dije que no *tenía* que ir a trabajar, que *quería* ir a trabajar. Luego, sintiéndome aún más valiente, añadí: «Porque Dios nos *hizo* para trabajar».

Tal vez intuyendo un desequilibrio en lo que Whit buscaba, Lauren se dio la vuelta en el asiento delantero y añadió: «Pero papá también *tiene* que ir a trabajar porque tiene la responsabilidad de hacerlo. Esto no quiere decir que desee estar lejos de nosotros», aclaró. Considerando que eso era en gran parte cierto, pero que necesitaba más matices, intervine diciendo: «Sí, el trabajo es duro y no siempre es divertido, pero es una de las formas en que nos parecemos más a Dios, y no deberíamos estar tristes por trabajar». Lauren añadió que eso era verdad, pero que no todo el mundo tenía trabajo, así que también era algo por lo que estar agradecidos.

Y ahora puedes ver un poco cómo es nuestro matrimonio. Ese día seguimos conduciendo por la autopista, matizando las frases del otro mucho después de que Whit hubiera dejado de prestar atención.

Es posible que se hayan dicho algunas palabras inútiles, pero cuando miro hacia atrás a ese momento, pienso que Lauren y yo, como padres relativamente nuevos, estábamos explorando el difícil territorio de explicarles a los niños por qué trabajamos. Y eso no es fácil. Ya es bastante difícil explicarnos a nosotros mismos qué es el trabajo y por qué lo hacemos. Así que practicar hábitos de lenguaje los ayuda *y* nos recuerda cuál es la importancia del trabajo.

Ciertamente, no se puede enseñar una teología del trabajo en un solo viaje en auto, y afortunadamente no es necesario. Pero *se puede* modelar a lo largo de la infancia, y se *puede* ofrecer a nuestros hijos un legado de palabras anticipándose a las preguntas habituales y practicando buenas respuestas. He aquí algunos ejemplos de respuestas adecuadas para los niños que ayudan a construir una imagen más amplia y espiritual del trabajo:

- **«¿Por qué tienes que ir a trabajar hoy?».**
  - «*Tengo que* ir a trabajar, y de hecho estoy muy agradecido por ello. Porque Dios nos hizo a todos para trabajar. Algunas personas no tienen un trabajo que les guste, y otras no tienen trabajo en absoluto. El trabajo es una bendición».
- **«¿Qué haces en el trabajo?».**
  - «Al igual que Dios ayuda a las personas, en el trabajo puedo ayudar a las personas al...».
  - «Al igual que Dios creó el mundo, en el trabajo puedo crear cosas, como...».
  - «Al igual que la Biblia nos dice que sirvamos a otras personas, en el trabajo puedo servir a otras personas al...».
- **«¿Por qué tenemos que hacer las tareas domésticas?».**
  - «Al igual que Dios organizó el mundo y lo convirtió en un buen lugar para vivir, nuestro trabajo es mantener nuestra casa organizada de modo que sea un buen lugar para vivir».

Seamos claros, tus hijos tendrán muchas más preguntas, y es posible que algunas de estas respuestas no tengan éxito, pero insisto, considéralas como semillas que estás plantando. Estas conversaciones se desarrollan a lo largo de décadas.

Por supuesto, también hay muchas ocasiones en las que el trabajo se sentirá más una carga que una bendición, pero incluso en esos momentos difíciles, y quizás especialmente en ellos, podemos hacerles un gran regalo a nuestros hijos mostrando dignidad en el sufrimiento y valor en la tristeza.

- **En caso de desempleo, podríamos decir:**
  - «Dios nos hizo para trabajar, así que una de las razones de que mamá/papá esté tan triste ahora mismo es que no tiene un trabajo al que ir. Es triste como cuando eres muy bueno montando en bicicleta, pero no tienes una para disfrutar de ella».
- **En caso de subempleo, podríamos decir:**
  - «Dios nos creó con talentos especiales y nos dice que los usemos, así que una de las razones de que mamá/papá esté tan triste ahora mismo es que su trabajo no utiliza sus talentos».
- **En tiempos difíciles de exceso de trabajo, podríamos decir:**
  - «Al igual que Dios trabaja y luego descansa, una de las razones de que todo sea tan difícil para mamá/papá ahora mismo es que su trabajo no lo deja descansar, y un buen descanso es tan importante como un buen trabajo».

2. Practicar hábitos de invitar a los niños a participar en las tareas del hogar

«¿Por qué mamá no trabaja?», me preguntó Ash una vez. Por la mirada de asombro en su rostro, me di cuenta de que la expresión de mi propio rostro rayaba en el furor. «¿¡Mamá no trabaja!? ¿Estás bromeando?». Tuve que recordarme a mí mismo que, después de todo, él solo tenía cuatro años y todavía no entendía el trabajo que conlleva el hogar. Tampoco estaba al tanto de todos nuestros matices y frustraciones matrimoniales con respecto a la carrera de Lauren antes de tener hijos, y cómo ella realmente desea volver a trabajar algún día, pero aún no está lista, y mientras tanto trabaja más duro que todos nosotros con solo quedarse en casa para hacer las tareas del hogar.

Así que simplemente dije: «Mamá trabaja más que todos nosotros; déjame hablarte sobre eso».

Tuvimos una buena charla acerca del trabajo que cuesta mantener una casa y cómo ese trabajo es un servicio amoroso para todos los que viven en ella, pero las palabras no son suficientes para nadie, y ciertamente no para los niños.

Si van a aprender a trabajar, *necesitan que se les invite regularmente a las tareas del hogar.*

Esto es inevitablemente más desordenado que útil, al menos al principio. Sin embargo, ¿de qué otra manera llegarán a comprender la satisfacción que da un trabajo bien hecho? ¿Cómo llegarán a comprender la dignidad del trabajo que realiza un padre o una madre que se queda en casa? La razón por la que insisto en invitar a los niños (o, para decirlo sin rodeos, obligarlos) a trabajar en la casa es para correr las cortinas y mostrarles que crear un lugar lleno de hospitalidad, salud y conversación requiere mucho trabajo.

Las partes difíciles de poner a los niños a trabajar en la casa son muchas y obvias: estropean las cosas, se quejan, son lentos, necesitan ser vigilados constantemente, y a veces preferirías encender una pantalla y decir: «Está bien, yo lo limpiaré, pero no me molestes mientras lo hago». Todo es cierto y comprensible. Pero aquí están algunos de los beneficios menos notados de invitar regularmente a los niños a trabajar en la casa.

Tiempo de calidad único

Cuando los invito a ayudar a preparar una comida conmigo (especialmente uno a uno), ellos obtienen el placer que yo obtuve en el garaje. Hay un vínculo particular en ayudar a tus padres, y esta es una dinámica que hay que nutrir y desarrollar. Una de nuestras madres amigas veteranas le dijo una vez a Lauren: «Si lo haces sola, siempre lo harás sola». Aunque recuerdo que odiaba que me pidieran que secara los platos cuando era niño, ahora estoy deseando lavar los platos junto a mi madre después de nuestras comidas familiares de los domingos, porque es un momento para hablar con ella.

Necesitamos la ayuda

No voy a entrar en la sociología de cómo la desintegración de las familias extendidas está dejando a los padres cada vez más solos y cómo la tecnología está llevando más trabajo externo al hogar, pero basta con decir que nuestros tiempos modernos dejan a los padres con tanto trabajo como siempre y con tan poca ayuda como siempre. Lo último que necesitamos añadir es hacer las camas de nuestros hijos y recoger su ropa cuando pueden hacer estas cosas fácilmente por sí mismos. Cuando coloco una enorme carga de ropa lavada sobre la mesa de abajo y les digo a los chicos que elijan su ropa, no solo es bueno para ellos aprender a guardar su propia ropa, sino que nos enseña a todos que muchas manos aligeran el trabajo. Yo estaría allí toda la noche preguntándome de quién es la camiseta de dinosaurio, cuando ellos lo saben al instante.

Enseñamos la satisfacción del trabajo

Ver a un niño en plena actividad es algo maravilloso. Los niños obtienen una inmensa satisfacción al poner orden en un pequeño reino que pueden controlar. Esto ocurre al armar un rompecabezas y colorear una página, pero también puede ocurrir al doblar toallas, barrer el suelo, cargar el lavavajillas o clasificar la cubertería. Si no nos tomamos el tiempo para enseñarles estas cosas, nos privamos de su ayuda y les negamos la oportunidad de crear un recuerdo temprano de lo satisfactorio que puede ser una tarea enfocada y terminada.

Enseñamos que los ritmos de orden son fundamentales para todo

Nunca olvidaré los veranos de mi infancia cuando mi madre nos despertaba y decía: «Se acabó la escuela, así que tienen que pasar la mañana trabajando conmigo antes de ir a jugar». Al principio me ofendía que aprovechara nuestro tiempo de descanso para hacernos trabajar, pero me ayudó a interiorizar a una edad temprana que los ritmos de trabajo nunca se detienen. Parte de nuestra naturaleza portadora de la imagen de Dios es ver que siempre hay jardines que abonar, armarios que organizar y comidas que planificar. Incluso los sábados y en verano, este trabajo interminable de ordenar la creación es precisamente lo que nos hace disfrutar de la tarde de verano cuando finalmente descansamos. Entender que siempre hay más trabajo que hacer es también lo que hace que el descanso sabático sea tan radical, un tema al que llegaremos en un momento.

Enseñamos la diversión inherente al trabajo comunitario

Nunca olvidaré una noche en la que les dije a los niños que limpiaran la sala de estar y su respuesta no fue: «¿Tenemos que hacerlo?», sino más bien: «¿Podemos hacerlo como lo hicimos la última vez?». Un par de noches antes, habíamos hecho un juego en el que yo sostenía las cestas de juguetes y ellos intentaban hacer tiros de baloncesto con todos los coches Matchbox que estaban regados por el suelo. Incluso para nosotros, los adultos, esto es en gran parte lo que hace tolerable el trabajo: saber cómo hacer que la tarea resulte divertida. Podemos empezar a enseñar esto desde temprano. A veces pones música y bailas mientras barres el suelo. A veces dejas de rastrillar las hojas para saltar en el montón. Sea lo que sea, normalmente podemos encontrar alguna forma de representar la verdad de la realidad: el juego y el trabajo no tienen por qué estar tan separados.

Enseñamos lo que las palabras no pueden

Al fin y al cabo, hay cosas que no podemos aprender con la cabeza; tenemos que aprenderlas con nuestras manos. Hay un profundo anhelo en el alma por la utilidad del trabajo, y solo seremos capaces de enseñarles eso a los niños poniéndolos a trabajar. Al hacerlo, podemos confiar en el buen orden que Dios estableció cuando nos creó. Se trata de enseñar la ética del trabajo, sí, pero también es mucho más que eso. La recompensa mental y espiritual del trabajo es muy significativa porque fuimos hechos para el buen trabajo, en cuerpo y alma. Vamos y venimos del trabajo y descansamos y vamos y venimos del trabajo y jugamos porque fuimos hechos para ese ritmo. Practicar estos ritmos es una manera de «probar y ver» que la forma en que Dios nos hizo es buena.[1]

Sí, esto es bastante difícil. Siempre es un sacrificio para nosotros enseñarles a hacer una tarea que nosotros mismos podríamos hacer más fácilmente, pero la recompensa es para ellos. Nuestro sacrificio por su recompensa, y aquí vemos de nuevo uno de los paradigmas centrales de la crianza de los hijos con solo pedirles que barran el suelo.

3. Practicar hábitos de dejar que los niños vean el trabajo fuera del hogar

Todavía tengo este recuerdo increíble de cuando era niño. Mi padre iba a dejarnos a la escuela y se detenía en el estacionamiento, pero de repente aceleraba y se iba dejando el estacionamiento de la escuela detrás. Todos empezábamos a aplaudir cuando anunciaba: «Hoy vienen conmigo al trabajo». No pasaba a menudo, pero cuando sucedía, era algo muy especial ir a ver a mi padre en el trabajo.

En aquel entonces, mi papá era abogado y senador estatal, y yo no tenía ni idea de a qué se dedicaba, hasta que me invitaron a la oficina. Por supuesto, todavía no entendía mucho, pero empecé a ver que leía documentos en su escritorio, le enviaba notas a la gente y hablaba mucho por teléfono. Todo tipo de personas que eran muy diferentes a nosotros venían a sentarse en su sofá, y él las hacía reír y sentirse cómodas. Siempre parecían muy agradecidas cuando se iban. Empecé a tener la impresión indescriptible de que mi padre *hacía* algo por la gente, que les caía bien por ello, y que parecía disfrutar de su trabajo tanto como parecía

1. Salmos 34:8.

disfrutar de cualquier cosa en la vida. Casi como si estuviera hecho para servir a los demás y se sintiera feliz cuando lo hacía.

¿Escuchaste eso? ¿Ese eco del evangelio en el trabajo? ¿Que fuimos creados para amar a nuestro prójimo, y que casi con toda seguridad la principal forma en que amamos a nuestro prójimo es a través de nuestro trabajo diario, ya sea en casa o fuera de ella? Intenta catequizar a tu hijo para que diga: «El trabajo es bueno, es de Dios y para los demás, y sentimos su placer cuando trabajamos». Eso es maravilloso, y como has leído antes, estoy a favor de los catecismos, pero esas palabras son jeroglíficos en la página de la mente hasta que te ven trabajar y, además, te ven disfrutarlo.

Por supuesto, el trabajo de oficina de mi padre era increíblemente diferente a muchos de los trabajos que tenemos en el mundo. Su padre (mi «papa», como le llamábamos) salió de la pobreza de la Gran Depresión gracias a su fiel trabajo diario en el astillero, y no olvidaré nunca la forma en que mi padre siempre se esforzaba por honrar los trabajos que de otra manera el mundo no honraría. Pude ver a mi padre hablar con senadores estadounidenses y empleados de gasolineras, con millonarios y cocineros de comida rápida, pero nunca noté una diferencia en cómo los trataba. Una vez, cuando un grupo de hombres vino a repavimentar nuestro camino de entrada, recuerdo que me puso la mano en el hombro y me dijo: «¿Ves esto? Es un trabajo realmente bueno. Ninguno de nosotros sabe cómo hacer un camino de entrada, pero estos chicos lo hacen muy bien. Nunca menosprecies a las personas que trabajan con sus manos, y nunca te avergüences si eso es lo que haces para ganarte la vida». Mi padre me ayudaba a ver el trabajo fuera de casa como algo bueno que Dios había creado.

Por eso ahora me encanta dejar que mis hijos vengan a mi oficina y aprieten los botones del ascensor. Claro, estropean todas las pizarras, inevitablemente derriban una pila de papeles y a menudo acaban debajo del escritorio viendo un iPad mientras yo intento desconectarme del ruido y hacer una llamada, o redactar un acuerdo de compra de acciones o un acuerdo de funcionamiento de una sociedad de responsabilidad limitada. Pero hay algo realmente especial en dejar que me vean trabajar.

Si me preguntaran por qué creo que mi trabajo es bueno para el mundo, les hablaría de la importancia del derecho mercantil y de cómo ayudamos a reducir el riesgo de las transacciones económicas, lo cual es clave para la estabilidad económica, el crecimiento, la innovación y el espíritu empresarial. Les hablaría de cómo todos estos son los pilares de la paz en el mundo. Y sé que mis hijos no entienden nada de eso, todavía. Pero sí ven que me pagan por negociar con la gente, por elegir las palabras adecuadas y plasmarlas en papel. Al menos pueden imaginar el espacio en el que hago eso y ver que me encanta, incluso cuando es difícil y me hace llegar tarde a casa.

Y yo también intento continuar con el trabajo de mi padre de presentar con orgullo el trabajo de otras personas. Cada vez que paso por un centro comercial, les pregunto a mis hijos: ¿Cuál fue mi primer trabajo? «¡La cafetería!». Lo saben. Cada vez que pasamos por una obra, les recuerdo que trabajé en jardinería pesada en la universidad y que llegué a conducir pequeñas excavadoras. (Como se pueden imaginar, les impresiona mucho más esto que ser abogado). E incluso ahora trato de explicarles de pasada lo que hago con comentarios en la mesa: «Hoy he estado ayudando a un médico a averiguar cómo vender su oficina de consulta a un nuevo propietario» o «He estado escribiendo un capítulo de mi libro hoy».

Mostrar el trabajo de esta manera es un poco como mostrar el mundo que Dios creó. No tienen que entenderlo todo todavía, pero algún día el lenguaje y la práctica se unirán y verán que el trabajo puede ser difícil, pero que sigue siendo bueno. Y no es algo de lo que huir, sino algo a lo que acudir.

El placer de trabajar junto a alguien que nos quiere

Cuando Ash tenía cinco años, Lauren y yo compramos un estante nuevo para ponerlo en la puerta trasera con el fin de guardar el número cada vez mayor de mochilas y abrigos. Era un montaje bastante sencillo, como los de Ikea, pero como los chicos están absolutamente fascinados por el taladro eléctrico, le pregunté a Ash si quería quedarse un poco más de la hora de acostarse y apretar el gatillo del taladro por mí.

Deberías haber visto su cara. Creo que fue la mejor parte de su año. Me llevó aproximadamente seis veces más tiempo que si lo hubiera hecho solo, y además abolló una de las tablas. Pero no lo invité a trabajar conmigo porque necesitaba la ayuda. Lo invité a ayudar porque lo quiero. Si el objetivo principal del trabajo fuera la eficiencia, nunca invitaríamos a los niños a trabajar. Su ayuda casi seguro nos perjudica. Sin embargo, ¿y si el objetivo del trabajo no es hacerlo lo más rápido posible? ¿Y si el trabajo es mucho más espiritual que eso? ¿Y si el trabajo se trata más de hacernos como Dios? ¿Y si se trata de servicio? ¿Y si se trata, como sintió Ash con el taladro y sentí yo en el garaje, del placer de trabajar junto a quien nos ama?

El trabajo es el regalo que Dios nos da, y nosotros les transmitimos ese regalo a nuestros hijos invitándolos al buen mundo del trabajo de Dios.

HÁBITOS DEL TRABAJO

FORMANDO FAMILIAS

Idea principal

Fuimos creados por Dios para el trabajo bien hecho. Los padres deben pensar detenidamente en cómo pueden enseñarles a los niños la dignidad espiritual del trabajo y mostrar todo el buen trabajo que hay que hacer, dentro y fuera del hogar.

Hábitos para invitar a los niños a trabajar en el hogar

Cosas que intentar:

- Hablar de las tareas del hogar de una manera que dignifique el trabajo que se hace allí.
- Si un niño puede hacerlo por sí mismo, trata por todos los medios de no hacerlo por él.
- Enséñales tareas lo antes posible, ya sea recoger juguetes, clavar una puntilla, sacar la basura, lavar un plato, doblar toallas, limpiar la mesa o barrer el suelo. Los niños recuerdan estas ocasiones como momentos de unión, incluso cuando son trabajos.
- Deja que ayuden a recibir a los invitados en la puerta y a ofrecer bebidas o aperitivos, y que ayuden a limpiar después.
- Permite que te ayuden (incluso cuando eso te retrase). Esto puede requerirte más tiempo, pero sirve para que las tareas domésticas no se reduzcan siempre a maximizar la eficiencia.
- Esfuérzate para conseguir un sistema de tareas adecuado a la edad. Deja que marquen de una forma tangible las cosas que hacen y que ganen recompensas, ya sea dinero, pegatinas u otra cosa.

Imagen clave

Estamos hechos para trabajar junto a Dios. Esto significa que nos encanta trabajar con las personas que queremos. Puedes ser un buen padre si ideas maneras de que tus hijos trabajen a tu lado.

Mostrar el trabajo

Para cualquier trabajo que esté fuera de casa, considera si es posible llevar a tus hijos contigo alguna vez. Si trabajas en un ordenador en casa, considera la posibilidad de dedicar un tiempo de vez en cuando a que ellos vean lo que haces y se lo expliques.

> *«El trabajo no es solo una forma de llegar a fin de mes; el trabajo se entiende mejor como un fin que le da sentido a la vida».*

Hablar sobre el trabajo con dignidad

Explica por qué trabajar es difícil. Prepárate para responder.

«¿POR QUÉ TIENES QUE IR A TRABAJAR HOY?»

«*Tengo* que ir a trabajar, y de hecho estoy muy agradecido por ello. Porque Dios nos hizo a todos para trabajar. Algunas personas no tienen un trabajo que les guste, y otras no tienen trabajo en absoluto. El trabajo es una bendición».

«¿QUÉ HACES EN EL TRABAJO?»

- «Al igual que Dios ayuda a las personas, en el trabajo puedo ayudar a las personas al...».
- «Al igual que Dios creó el mundo, en el trabajo puedo crear cosas, como...».
- «Al igual que la Biblia nos dice que sirvamos a otras personas, en el trabajo puedo servir a otras personas al...».

«¿POR QUÉ TENEMOS QUE HACER LAS TAREAS DEL HOGAR?»

«Al igual que Dios organizó el mundo y lo convirtió en un buen lugar para vivir, nuestro trabajo es mantener nuestra casa organizada para que sea un buen lugar para vivir».

EN CASO DE DESEMPLEO, PODEMOS DECIR:

«Dios nos hizo para trabajar, así que una de las razones de que mamá/papá esté tan triste ahora mismo es que no tiene un trabajo al que ir. Es triste como cuando eres muy bueno montando en bicicleta, pero no tienes una para disfrutar de ella».

EN CASO DE SUBEMPLEO, PODEMOS DECIR:

«Dios nos creó con talentos especiales y nos dice que los usemos, así que una de las razones de que mamá/papá esté tan triste ahora mismo es que su trabajo no utiliza sus talentos».

EN TIEMPOS DIFÍCILES DE EXCESO DE TRABAJO, PODEMOS DECIR:

«Al igual que Dios trabaja y luego descansa, una de las razones de que todo sea tan difícil para mamá/papá ahora mismo es que su trabajo no lo deja descansar, y un buen descanso es tan importante como un buen trabajo».

Recuerda, no tienes que intentarlo todo a la vez. Un pequeño cambio puede tener un gran impacto espiritual. Elige una cosa para empezar.

Recursos adicionales

Toda buena obra: Conectando tu trabajo con la obra de Dios, Timothy Keller con Katherine Leary Alsdorf

El evangelio en el trabajo: Cómo el servicio al Rey Jesús le da propósito y sentido a tu empleo, Sebastian Traeger y Greg Gilbert

El llamado del reino: Mayordomía vocacional para el bien común, Amy L. Sherman

Diseña tu vida: Crea la vida que funciona para ti, Bill Burnett y Dave Evans

Una nota sobre la adaptación

La enseñanza sobre el trabajo dirigida a los niños depende en gran medida del trabajo que hagas. Tanto si eres un padre o una madre que se queda en casa como si no, tómate el tiempo para pensar en cómo tu trabajo encaja en la historia de Dios. ¿Qué parte de la creación cuidas en tu trabajo? ¿De qué manera tu trabajo está dañado? ¿De qué manera podría redimirse tu trabajo? Comprender nuestro propio trabajo es el primer paso para enseñarles a nuestros hijos sobre él.

Una oración diaria para el día de trabajo, adaptada de las oraciones diarias de Juan Calvino

Mi buen Dios, Padre y Salvador, concédeme la ayuda de tu Espíritu Santo para trabajar ahora con éxito en mi vocación, que proviene de ti, todo con el fin de amarte a ti y a las personas que me rodean en lugar de buscar mi propio beneficio y gloria. Dame sabiduría, juicio y prudencia, y líbrame de los pecados que me asedian. Llévame bajo el dominio de la verdadera humildad. Permíteme aceptar con paciencia cualquier cantidad de frutos o dificultades que me des en mi trabajo en este día. Y en todo lo que haga, ayúdame a descansar siempre en mi Señor Jesucristo y solo en su gracia para mi salvación y vida. Escúchame, Padre misericordioso, por nuestro Señor Jesucristo, amén.

Siempre necesitamos el recordatorio de la gracia: El amor de Dios inspira nuestras acciones, pero nuestras acciones no inspiran el amor de Dios. Nuestros hábitos familiares no cambiarán el amor de Dios por nosotros, pero el amor de Dios por nosotros debería cambiar nuestros hábitos familiares.

CAPÍTULO 8

JUEGO

«¡Imagina que eres una aplanadora!», grita Coulter mientras rodamos por el suelo del dormitorio. «¡No! ¡Imagina que eres un *bulldog*!», interviene Ash. «¡Sí, un *bulldog*!», asiente Coulter. Empiezo a retozar y a perseguirlos en cuatro patas. Ellos chillan de alegría e intentan escapar.

Durante años y años he oído dos órdenes una y otra vez de parte de mis hijos, y están relacionadas: «Juega conmigo» e «Imagina». Acabamos de hablar de la necesidad innata de trabajar; sin embargo, ¿has pensado alguna vez en la necesidad innata de jugar? ¿Por qué parece que los niños están hechos para jugar e imaginar?

Esto es así porque en la historia de Dios, fuimos hechos para otro mundo; un mundo de alegría sin límites.

Jugar como imaginando el reino

Un cristiano no es un observador ordinario del mundo. Nuestra fe nos pide creer que los ángeles y los demonios existen, que una virgen dio a luz, que un hombre llamado Jesús resucitó de entre los muertos y que se acerca un nuevo reino en el que todos podremos celebrar y jugar, felices para siempre. Nuestra fe nos pide creer que las cosas no son como parecen, y que a pesar de lo que experimentamos, el sufrimiento y el mal no tendrán la última palabra. Esto no es fácil. En el cristianismo, no llegarás muy lejos sin una imaginación sana.

No es porque esta historia de Dios sea inventada, sino porque es muy real; el mundo es mucho más de lo que parece. Esta es la sabiduría que se halla en todos los cuentos de hadas y cualquier buena película infantil: las cosas son más de lo que parecen. Las cosas extraordinarias están esperando pacientemente, aquí mismo, en esta realidad, a ser descubiertas.

Esta es una verdad fundamental de la historia bíblica, y una que los niños son especialmente aptos para descubrir. Quizás por eso Jesús nos dice que, a menos que nos volvamos como niños, no entraremos en el reino de los cielos. Los niños son lo suficientemente humildes como para creer que la realidad es mucho más de lo que parece.

Esta imaginación cristiana lúdica no disminuye la realidad del mal, aunque nos ayuda a comprender el papel de los padres en esa realidad. A menudo pienso en la trágicamente maravillosa película *La vida es bella*, en la que un padre convence a su hijo de que su encarcelamiento en un campo de concentración es un juego complicado. Al hacerlo, él protege la inocencia de la alegría de su hijo, incluso cuando los horrores del mal los rodean. Hacer reír en un campo de exterminio es una de las formas más conmovedoras e inspiradoras de asumir el papel de padre. De alguna manera, somos los guardianes que contienen el ataque de toda la oscuridad del mundo, para que la sala de estar pueda convertirse en un lugar de imaginación y juego.

El juego es, por tanto, una forma de reencantar un mundo desencantado.[1] Esto es un asunto importante. Piénsalo. Un mundo

---

1. Parte de mi experiencia con la idea de que los hábitos cristianos reencantan un mundo desencantado se basa en el argumento de Charles Taylor de que una característica clave de nuestra «era secular» es vivir en un mundo que no puede ver más allá de lo material. Para más información sobre esto, véase su obra *La era secular* (Editorial Gedisa, 2018), o el útil manual de James K. A. Smith, *How (Not) to Be Secular: Reading Charles Taylor* (Grand Rapids, MI: Eerdmans, 2014). Mike Cosper también expone estos temas en *Recapturing the Wonder: Transcendent Faith in a Disenchanted World* (Downers Grove, IL: InterVarsity Press, 2017). El tema común es cómo todas nuestras suposiciones culturales van en contra de la realidad de lo divino, lo que significa que nuestro estado de ánimo cultural predeterminado atenúa activamente nuestra imaginación espiritual. En un momento así, ¿qué mejor herencia podemos darles a nuestros hijos que un patrón de hábitos que los ayude a ser conscientes desde una edad temprana de que el mundo está encantado con la presencia de Dios?

sin juego es un mundo sin magia. Y un mundo sin magia es un mundo sin resurrección. Y en un mundo sin resurrección, nada bueno puede hacerse realidad. Lo cual significa que todos los cuentos de hadas son mentira. El juego, entonces, es una rebelión contra la mayor mentira. Es un acto de guerra en lealtad a la mayor verdad: que Cristo ha resucitado y que los cuentos de hadas sí se hacen realidad, es decir, la que estamos viviendo. ¡Aleluya! Hagamos una pausa en las tareas, entonces, y juguemos para convertirnos en un pueblo de Pascua.

Así pues, jugar, y me refiero a jugar de verdad, es un ejercicio de imaginarse el reino, una práctica de dar testimonio de Él en nuestras propias salas de estar y patios traseros.

Los hábitos de juego deben ser entonces una práctica del hogar cristiano, porque se hacen eco del reino venidero. Hay infinitas formas de hacerlo, pero sugiero tres como puntos de partida fáciles:

1. Leerles habitualmente historias imaginativas.
2. Aceptar habitualmente sus invitaciones a jugar.
3. Enviarlos habitualmente a jugar solos.

1. Leerles habitualmente historias imaginativas

Todos nacemos con este anhelo de otro mundo, pero no es seguro que lo mantengamos. Nuestro mundo caído tiene una forma de embotar nuestra imaginación y entrenarnos para aceptar mucho menos que la gloria del reino que Dios está construyendo a través de Jesús y su iglesia. Por esa razón, tenemos que ver que entrenar y ejercitar la imaginación es tan justo como entrenar y ejercitar el cuerpo o la mente. El medio principal para este ejercicio es la historia. Especialmente las historias imaginativas.

Una de las cosas que me encantan de Lauren es que le apasiona leer y le gusta mucho regalarles buenos libros a nuestros hijos. En nuestra nevera hay una lista de control diaria en la que ella marca si se le ha leído a cada niño o, en el caso de los mayores, si han pasado un tiempo leyendo. Y aunque por supuesto esto es importante para la educación y el desarrollo del pensamiento, quiero centrarme en la gloria de los cuentos, a menudo pasada por alto: su capacidad espiritual para ampliar nuestra imaginación.

Sin una imaginación cristiana, ¿qué haríamos con los versículos que hablan de montañas que cantan y árboles que aplauden?[2] ¿Cómo podemos imaginar a los cautivos siendo liberados[3] o a un Salvador del mundo llegando en un caballo blanco?[4] Necesitamos una gran imaginación para poder comprender las grandes visiones de la Biblia, de lo contrario no tendrían ningún significado para nosotros. Cuando nos involucramos con la literatura, por ejemplo, leyendo las famosas historias de fantasía moderna de nuestro tiempo, como *Harry Potter*, *El señor de los anillos* o *Las crónicas de Narnia*, ejercemos esta capacidad.[5] No importa que estas cosas no sean «reales». El hecho más importante es que son ciertas. Se hacen eco de la historia bíblica del amor sacrificial, el valor, la derrota del mal y la muerte como enemigo supremo. Una capacidad para la ficción es tan importante como un conocimiento histórico.

Cuando les cuento a mis hijos historias sobre Pet Blue, una mascota secreta, un dragón azul que mi hermano y yo teníamos cuando éramos niños, los más pequeños se quedan inmediatamente absortos en la historia. Se sientan con los ojos muy abiertos, encantados por un dragón mascota que protege a los niños y lucha contra los ladrones. En algún momento, inevitablemente preguntan: «¿Pero Pet Blue es real? ¿De verdad tenías un dragón?». Cuando tienen la edad suficiente, les digo: «Es una historia, pero

---

2. Isaías 55:12.
3. Lucas 4:18.
4. Apocalipsis 19:11.
5. Véase Sarah Mackenzie, *The Read-Aloud Family: Making Meaningful and Lasting Connections with Your Kids* (Grand Rapids, MI: Zondervan, 2018) y el sitio web relacionado https://readaloudrevival.com. Por supuesto, esto también es cierto para las películas imaginativas, aunque parte del poder de las historias escritas es que exigen más de nuestra imaginación. Cuando no hay imágenes que hagan el trabajo por nosotros, tenemos que imaginar el barco o la princesa o la batalla, y eso es un buen trabajo espiritual y neurológico.

incluso las historias tienen un poder real». Y lo entienden. Esto es un entrenamiento para la vida real, porque a menudo hay más verdad en la buena ficción y la poesía que en las noticias.[6] Y nuestros corazones necesitan eso. Al escuchar buenas historias, lo que hacemos es ejercitar nuestra imaginación, porque creer en la historia más verdadera requiere una imaginación santificada.

2. Aceptar habitualmente sus invitaciones a jugar

Mi amigo Steve siempre me pregunta si he estado horneando pan. Me encanta hornear pan, pero solo puedo hacerlo cuando mi trabajo está lo suficientemente tranquilo y mi vida está lo suficientemente ordenada como para tener una mañana de sábado libre con el fin de prestarle atención a la lenta subida de una hogaza de pan. Así que no sucede a menudo, pero por eso me pregunta; hornear pan es una señal de que mi vida está en orden. Si han pasado meses desde la última vez que lo hice, probablemente sea porque me estoy dejando llevar por el ajetreo.

Creo que jugar con los niños de forma habitual es una señal similar de que algo en el hogar va bien. Porque fácilmente puede parecer que siempre hay algo mejor que hacer. Mis hijos me piden jugar con ellos cincuenta veces al día, y eso es solo una fracción de las peticiones que recibe Lauren. Por supuesto, siempre hay algo que parece más urgente: tengo clientes esperando correos electrónicos y hay que hacer la nómina. Hay una pared que necesita ser restaurada. Tengo que preparar una charla o hay un borrador de un capítulo en el que trabajar. La lista es interminable, eso nos pasa a todos, y este es el motivo por el cual necesitamos ritmos de juego con los niños para interrumpir todas estas cosas serias y recordarnos que el mundo no depende de ello.

Piensa en lo que significa jugar con niños. Significa dejar este mundo y entrar en otro. Significa convertirse en Lucy y entrar en un armario solo para descubrir que la parte de atrás conduce a

6. William Carlos Williams, *«Asfódelo, esa flor verdosa»*, *Viaje al amor* (Buenos Aires: Lumen, 2009): «Es difícil / obtener noticias de los poemas, / sin embargo, los hombres mueren miserablemente cada día / por falta / de lo que se encuentra allí».

otro mundo.[7] Este es un mundo donde los muñecos hablan y los LEGO vuelan. Es un mundo donde los ladrones salen del ático y las escobas son caballos en los que montar. Al igual que la lectura imaginativa, la capacidad de perderse en el juego es una práctica para el reino tanto para padres como para hijos.

Permíteme señalar dos inquietudes. En primer lugar, como sabes, estás leyendo los escritos de un padre. En concreto, de uno que no está en casa entre el desayuno y la cena. Esto significa que necesito hábitos para conectar realmente con mis hijos cuando estoy con ellos, de modo que puedan disfrutar por completo de mi presencia. Para un padre o madre que se queda en casa, el hábito más importante será asegurarse de que hay un pequeño espacio de tiempo en el cual prestarles toda la atención a los niños sin distraerse (quizás media hora antes de la siesta o la hora después del desayuno), pero un padre o madre que se queda en casa se centrará sobre todo en el siguiente hábito: mandarlos a jugar. Esto es porque no puedes, y no debes, pasar todo el tiempo jugando con tus hijos. Ellos no necesitan eso de nosotros. Pero lo que sí necesitan es nuestro juego entusiasta en ritmos regulares y, como veremos a continuación, nuestras órdenes firmes de ir a jugar a otro lugar en ritmos regulares.

Para mí, todas las tardes, justo después del trabajo, es el momento en que los niños saben que apago el teléfono y hacemos lo que ellos quieren. Lauren suele reservarse media hora por la mañana en la que deja a un lado las tareas y puede decir que sí a jugar o leer con ellos. Los sábados por la mañana también son para los niños, cuando Lauren se queda durmiendo y los niños y yo nos vamos en busca de aventuras. Esos momentos variarán en cada familia, pero la cuestión es desarrollar tus propias rutinas en las que encuentres juegos y actividades que compartan juntos.

En segundo lugar, a medida que los niños crecen, esto se parecerá mucho menos a un juego imaginativo y más a cultivar el encanto con el mundo. Lo que quiero decir es que conforme

7. C. S. Lewis, *El león, la bruja y el ropero* (Nueva York: HarperCollins Español, 2002).

maduramos, nuestro juego será diferente, pero no debemos perdernos la maravilla de que la creación de Dios es magnífica y está llena de posibilidades. Para los niños mayores y los adolescentes, esto significará ayudarlos a encontrar el espacio y cultivar el asombro por los pasatiempos y las actividades que les traen alegría.

En ambos casos, y sin importar la edad, los hábitos de jugar o interactuar de manera habitual con nuestros hijos implican necesariamente que hagamos cosas difíciles como concentrarnos. Como apagar nuestros teléfonos. Como salir, llueva o haga sol. Como tirarnos al suelo, ensuciarnos y que nos duela la espalda. Como hacerse de tiempo para realizar viajes y excursiones. Como correr y sudar. Pocas cosas requieren más esfuerzo que jugar con los niños, lo que significa que no podemos hacerlo todo el tiempo. Sin embargo, podemos establecer ritmos previsibles.

3. Enviarlos habitualmente a jugar solos

Una vez más, ningún padre puede, ni debe, aceptar siempre las invitaciones de sus hijos a jugar. Y no debemos sentirnos culpables por ello. Al contrario, debemos reconocer que cuando decimos que no a jugar y los enviamos solos, algo importante está sucediendo. Ya sea enviando a los niños al patio trasero o diciéndole a tu hijo adolescente que apague la televisión y salga a caminar; instruirlos para que salgan y se relacionen con el mundo por sí mismos significa invitarlos a que se sientan cómodos con la lucha contra el aburrimiento (que en realidad es solo la lucha contra la imaginación caída) y hacer el buen trabajo de jugar por sí mismos.

A medida que nuestros hijos crecen, esto debería parecerse más a crear espacio para que se relacionen con el mundo, en lugar de simplemente enviarlos a jugar. Pero tal cosa resulta igual de importante, si no más.

Es muy posible que adoctrinemos inconscientemente a nuestros hijos en nuestra visión errónea del mundo, que la vida se trata fundamentalmente de lo que podemos lograr y que no hay tiempo para mucho más. Esto puede deberse a las exigencias académicas a las que los sometemos o los horarios deportivos que intentamos mantener. No obstante, si descubrimos que la vida es demasiado ajetreada para que tengan tiempo libre con el fin de comprometerse con el mundo, entonces algo está mal.

Una de las afirmaciones de este libro es que las familias cristianas no pueden adoptar por defecto la regla de vida estadounidense: debemos luchar por mejores hábitos. Debemos ayudar a nuestros hijos a no involucrarse en una vida tan ajetreada que no tengan espacio para lecturas imaginativas, largas conversaciones con amigos, reflexiones silenciosas, pasatiempos que sean solo por diversión (no para entrar en la universidad), paseos en medio de la naturaleza, viajes por carretera con amigos, retiros en la iglesia y la lista continúa. Sabemos que Dios nos creó para trabajar, pero la vida es mucho más que trabajar: también hay que jugar y descansar.

Una de las formas más importantes en que podemos modelar este equilibrio es compensando nuestros ritmos familiares de trabajo y juego con un ritmo sabático.

Practicar el hábito del *sabbat*

La idea de que las familias deberían tener el *sabbat* como un hábito doméstico puede tener tanto sentido en un capítulo sobre el trabajo como en un capítulo sobre el juego, pero la incluyo aquí para tratar de enfatizar una de las características únicas del *sabbat*: hay algo lúdico en el mandato de descansar. Sin duda, es encantador. El *sabbat* es una rebelión caprichosa contra la idea de que el trabajo es lo único importante en el mundo. Este mira al estadounidense cansado y con exceso de trabajo, y sonríe con compasión, invitándonos a un ritmo de renovación que necesitamos desesperadamente.

El *sabbat* es un hábito práctico que tiene un significado teológico inagotable. Así como jugar es un ejercicio para esperar el reino venidero, el *sabbat* es un ejercicio para recordar nuestra salvación. El descanso sabático es un firme recordatorio de que la verdadera obra del mundo ha concluido con la muerte de Jesús en la cruz.[8] Tenemos mucho que Dios nos ha llamado a hacer, pero no tenemos nada que demostrar. Cuando desarrollamos ritmos familiares de descanso, modelamos la verdad de nuestra salvación en la vida real: podemos descansar, porque Dios ha hecho su buena obra.

Para nuestra familia, el *sabbat* incluye el descanso obvio del trabajo de la semana, pero también es mucho más que eso. No basta con dejar el trabajo de nueve a cinco y hacer una pausa en el lavado de la ropa; también intentamos empezar a disfrutar del juego y el descanso. Con los niños pequeños, encendemos una vela el sábado por la noche para marcar el comienzo de nuestro *sabbat*. El juego en comunidad comienza entonces. Esto puede ser una salida para los niños, y más tarde probablemente signifique una noche en la que Lauren o yo vayamos a ver a amigos para conversar, invitemos a alguien a nuestro hogar, o tal vez tengamos una noche en la que simplemente nos quedemos en casa y disfrutemos de algo juntos que no implique limpiar o enviar correos electrónicos.

El domingo, nuestro descanso del trabajo se sustenta en dos pilares: la oración y la comunidad.

Lo primero que define el día es la oración colectiva. No se trata solo de escuchar un sermón en un pódcast, sino de participar en el ritmo manifestado en una iglesia local. Se podrían escribir libros enteros sobre los hábitos del hogar y los ritmos de la iglesia local, pero ese no es mi objetivo. Este libro se centra, principalmente, en los hábitos del hogar. No obstante, debe tenerse en cuenta que los ritmos de nuestro hogar deben estar en sintonía con los ritmos del hogar de Dios, tal como se manifiestan en la iglesia local.

El segundo pilar del *sabbat* para nosotros es una reunión comunitaria. Conozco a amigos que lo practican con sus familias extendidas, como lo hacemos nosotros, y amigos que lo practican

8. Juan 19:30 (NBLA), «Consumado es».

con otros amigos. Sin embargo, parte de nuestro descanso sabático como padres significa reunirnos con la familia extendida, compartir una comida y dejar que los primos jueguen todos juntos. Esto es caótico, sin duda (somos seis hermanos y hermanas, y tenemos quince hijos entre todos), pero es igualmente relajante tener a todos los demás padres cerca para compartir las tareas y encontrar el descanso de la buena comida y la conversación con una familia que se siente como amigos.

El domingo por la noche, cuando llegamos a casa, comenzamos de nuevo el trabajo de la semana preparándonos para el lunes. En el mejor de los casos, estamos agotados por el trabajo lúdico del descanso, pero al mismo tiempo descansados para la próxima semana de trabajo.

Estos son ritmos sagrados, y mantienen la vida en sintonía con la historia de Dios.

Memoria implícita y ritmos de juego

En la historia de Dios, nuestros hijos fueron creados para el buen trabajo, el buen juego y el buen descanso, lo que significa que necesitamos hábitos para formarlos en lo que estaban destinados a ser.

Los psicólogos infantiles escriben sobre algo llamado memoria implícita. Esta es la parte de ti que recuerda algo sin ser consciente de que lo estás recordando. Por ejemplo, una cosa es entrar en una habitación y recordar conscientemente: «Aquí es donde mi madre y yo tuvimos esa horrible pelea», o «Aquí es a donde mi padre siempre llegaba enfadado del trabajo». Eso es memoria explícita. Otra cosa es ver tu antigua casa y simplemente sentir miedo o estrés porque la asociación de recuerdos te dice que este era un lugar donde no estabas seguro o feliz. Eso es memoria implícita.

Por medio de la memoria implícita nos abrimos camino hacia el futuro. Imaginamos el futuro en versiones del pasado. Por eso la memoria implícita es la tragedia y la gloria de la infancia.

Imaginar ritmos de trabajo, juego y descanso es una de las formas en que podemos darles a nuestros hijos una rica herencia de memoria implícita positiva.

Cuando hablamos de trabajo y los involucramos en él como parte de la buena creación de Dios, y cuando regularmente nos divertimos y reímos jugando, y cuando descansamos juntos como familia, les estamos creando un tapiz de recuerdos que se adapta al reino que Dios está trayendo. Los ayudamos a imaginar el futuro como debería ser. Eso es plantar una semilla del reino en su infancia. Y Dios es fiel para hacerla crecer.

HÁBITOS DE JUEGO
FORMANDO FAMILIAS

Idea principal

Perdernos en la diversión y el juego imaginativo es un eco del reino venidero, una señal de un mundo lleno de alegría. Practicar buenos hábitos de juego es una forma de cultivar una imaginación más cristiana que presagia el reino que vendrá.

Lista de iniciación a la lectura de Lauren

Lauren es la gran conservadora de las buenas lecturas en nuestra familia. Aquí están sus cinco favoritas en algunas categorías para transmitir el amor por la lectura. Puedes encontrar más listas de Lauren en https:// www.habitsofthehousehold.com/laurenslists.

Cinco grandes libros para leer a los pequeños

- *Donde viven los monstruos,* de Maurice Sendak
- *Luna de búho,* de Janet Yolen
- *Never Ask a Dinosaur to Dinner,* de Gareth Edwards y Guy Parker-Rees
- *Un día de nieve,* de Ezra Jack Keats

- *El ratoncito, la fresa roja y madura, y el gran oso hambriento*, de Don y Audrey Wood

Cinco grandes series de libros para leer en voz alta a niños de cinco años en adelante

- Saga *Wingfeather*, de Andrew Peterson
- *Las crónicas de Narnia*, de C. S. Lewis
- Serie *The Green Ember*, de S. D. Smith
- Serie *La casa de la pradera*, de Laura Ingalls Wilder
- Serie Redwall, de Brian Jacques

Cinco grandes historias imaginativas para lectores mayores

- *Una arruga en el tiempo*, de Madeleine L'Engle
- Serie *Harry Potter*, de J. K. Rowling
- Serie Los seis signos de la luz, de Susan Cooper
- *Las aventuras de Tom Sawyer*, de Mark Twain
- Serie *El señor de los anillos*, de J. R. R. Tolkien

Nota: ¡No dejes de leer en voz alta una vez que puedan leer! La lectura es una forma maravillosa de unir a la familia. Esto incluye audiolibros y leerse unos a otros.

«En el cristianismo, no llegarás muy lejos sin una sana imaginación».

Hábitos que ayudan a cultivar momentos de juego

Cosas que intentar:

- Si eres un padre que está fuera de casa todos los días, piensa en dedicarles un tiempo de presencia concentrada de media hora antes de irte o cuando llegues a casa.
- Si eres un padre que está con los niños todo el día, no te sientas culpable por no jugar con ellos constantemente. Eso no es lo mejor para ninguno. Pero recuerda que diez

minutos diarios de concentración o atención podrían ser de gran ayuda.

- Establece una clara distinción entre los momentos en que tú juegas con ellos y aquellos en los que necesitan jugar solos o con otros niños.
- Cuando decidas jugar, considéralo como un trabajo: mantente concentrado y presente. No traigas dispositivos.

Ideas para estructurar un sábado en familia

Cosas que discutir:

- ¿Cuándo comienzas? ¿Podrías marcar el momento?
- ¿Qué cosa debes dejar de hacer durante el *sabbat*?
- ¿Qué cosa deberías hacer durante el *sabbat*?
- ¿Cómo se incluye la oración?
- ¿Debería incluirse la actividad al aire libre?
- ¿Qué actividad familiar es relajante para todos?
- ¿Podrías unir fuerzas con amigos o familiares?
- ¿Necesitas limitar los dispositivos en el sabbat?

Recursos adicionales

SOBRE LA LECTURA

The Read-Aloud Family: Making Meaningful and Lasting Connections with Your Kids, Sarah Mackenzie

100 Best Books for Children, Anita Silvey

SOBRE REENCANTAR EL MUNDO

Telling the Truth: The Gospel as Tragedy, Comedy, and Fairy Tale, Frederick Buechner

Recapturing the Wonder: Transcendent Faith in a Disenchanted World, Mike Cosper

SOBRE EL *SABBAT*

La liturgia de lo cotidiano, Tish Harrison Warren (https://cdn.bookey.app/files/pdf/book/es/liturgia-de-lo-cotidiano.pdf)

Una nota sobre la adaptación

En esencia, el juego es la idea de que interactuamos con el mundo maravillados. Esto no está limitado por la edad, el tamaño o la salud. Piensa en cómo puedes ayudar a cultivar un encantamiento con el mundo que Dios creó, estés donde estés.

Siempre necesitamos el recordatorio de la gracia: El amor de Dios inspira nuestras acciones, pero nuestras acciones no inspiran el amor de Dios. Nuestros hábitos familiares no cambiarán el amor de Dios por nosotros, pero el amor de Dios por nosotros debería cambiar nuestros hábitos familiares.

CAPÍTULO 9

CONVERSACIÓN

Un sábado a las siete de la tarde la mayoría de los chicos estaban en pijama, pero correteaban por el patio trasero con herramientas grandes y afiladas. Esto se debía a que algunos amigos iban a venir a casa a compartir con nosotros una fogata en el patio trasero, y los chicos me estaban «ayudando» a encender el fuego haciendo que el proceso fuera el doble de largo y tres veces más peligroso.

Esto suele ser todo un espectáculo, ya que implica que recojan palos de nuestra considerable pila de maleza detrás de la valla trasera, saquen todas las herramientas afiladas del sótano, pongan dichas herramientas a trabajar de alguna manera para la que no están destinadas y también usen una caja entera de cerillas. Normalmente estoy manejando el caos, tambaleándome en la delgada frontera entre la diversión y la irresponsabilidad: «No cortes tan cerca de tu mano». «No puedes blandir un hacha si tu hermano está detrás de ti». «No, esta vez no vamos a usar gasolina».

Sin embargo, además del picor natural que provoca romper cosas y prenderles fuego, la razón por la que valoro dejarlos participar en el proceso es que constituye una forma de que vean los encantos de la conversación y la amistad.

Recientemente, Whit tuvo el privilegio no solo de ayudar a encender el fuego, sino de quedarse durante la primera hora.

Nos sentamos juntos en sillas de acampar, y cuando mis amigos empezaron a llegar, observó los rituales de la amistad: un choque de manos y un abrazo. Un asentimiento y un apodo. Tomar algo de la nevera y buscar una silla. Las pullas y los chistes que no entiende, pero de los cuales de todos modos se ríe. Y finalmente, el establecimiento de una conversación a medida que el crepúsculo se atenúa y el fuego avivado toma el control.

Pienso en esto como una invitación sagrada porque considero la conversación un ritual sagrado. Es el ritmo del hogar lo que convierte a la familia en amigos y a los amigos en familia. La conversación, dentro y fuera del hogar, es el arte aprendido de la amistad. Pero no se puede aprender el arte sin práctica, y eso requiere el hábito de encontrar ritmos de conversación uno a uno.

La conversación en la historia de Dios

Me imagino un ritual similar desarrollándose hacia el final de un día en el Edén. El sol comienza a enfriarse y alguien está colocando una silla debajo de un árbol sobre una colina para tener una buena vista del cielo, esperando que el horizonte cambie el sol por las estrellas. Me los imagino preparando un tazón de frutas o nueces, murmurando: «Él llegará en cualquier momento».

Solo podemos imaginar cómo serían estas conversaciones con Dios en el Edén, porque el primer vistazo que tenemos de ellas ocurre *después de que* Adán y Eva comieron el fruto prohibido. Cuando Dios entra en el jardín al atardecer, Adán y Eva se esconden porque, por supuesto, han pecado. Se esconden porque han roto la relación.

El dolor que perdura en estos versículos es monolítico. Génesis parece sugerir que Adán y Eva se están saltando el ritual vespertino, que Dios está dando su paseo al atardecer y buscando a su pueblo, a sus criaturas, a sus amigos, para que se unan a Él como suelen hacer. Pero no están en casa. Se esconden para evitar la conversación.

Sentarse y hablar con Dios es el pináculo de la existencia humana. Sin embargo, Adán y Eva (y nosotros) nos escondemos de esta conexión esencial. Esa es la tragedia. Pero la historia de las Escrituras cuenta cómo Él viene a encontrarnos. De todos modos, busca un encuentro personal con nosotros. Esa es la historia de amor.

Creo que hay una similitud fundamental entre la oración con Dios y la conversación con los amigos, porque en cada una de ellas nos acercamos al paradigma divino para el que fuimos creados: estar en comunión en una conversación, conocer y ser conocidos a través de las palabras y la presencia. Sentir que compartimos algo en común.

Como dice la Biblia en Apocalipsis: «Serán su pueblo, y Dios mismo estará con ellos como su Dios».[1] En la comunión final, estamos plenamente presentes con Dios, no como individuos sino como pueblo, porque también estamos plenamente presentes los unos para los otros.

La amistad entre generaciones

Nunca olvidaré una conversación que tuve con mi madre y mi padre la semana antes de que Lauren y yo nos casáramos. Mis padres nos llevaron a Lauren y a mí a cenar a un buen restaurante para celebrar la próxima boda. En ese momento, ambos teníamos veintidós años.

Recuerdo que a mitad de la comida sentí una enorme sensación de felicidad, pero no tenía ni idea de por qué. ¿Sería porque me iba a casar? ¿Porque pude pedir un buen filete y no tuve que pagar? ¿Porque Lauren parecía feliz?

No me di cuenta hasta después del plato principal, cuando mi padre pidió bebidas para todos de modo que pudiéramos permanecer allí sentados más tiempo y beber y hablar. Me sentía feliz porque tenía toda una velada para conversar con mi madre y mi padre, no solo como un niño, sino como su amigo.

---

1. Apocalipsis 21:3 (RVR1960).

Mientras escuchaba los consejos de mis padres sobre el matrimonio, mientras les hacía preguntas sobre el suyo, mientras los veía entablar una conversación con la chica que yo amaba, me sentí conocido por ellos. Sentí el placer peculiar de la amistad con mis padres.

Me atrevería a decir que este momento, repetido una y otra vez de diferentes maneras, es el objetivo final de la familia: hacerse amigos.

Y la consumación de la amistad, por supuesto, es la conversación.

Practicamos la conversación en casa para enseñar el arte espiritual de la amistad, para que podamos hacernos amigos, y para enseñarles a nuestros hijos a salir y hacerse amigos del mundo. He aquí tres hábitos prácticos que he descubierto que ayudan en este esfuerzo sagrado:

1. Buscar momentos individuales a solas.
2. Practicar la conversación como una forma de curar el trauma.
3. Modelar la vulnerabilidad.

1. Buscar momentos individuales a solas

Cada cumpleaños, hago dos cosas con mis hijos. Primero, les escribo una carta. No es para que la lean. En la mayoría de los casos, ni siquiera saben de su existencia. No es una carta para ellos, es una carta para sus futuros yo. Supongo que les daré una caja de ellas cuando tengan dieciocho años y se vayan de casa, o dieciséis, si estamos teniendo un año difícil, nunca se sabe. La razón por la que me encanta hacer esto es porque me da una oportunidad de escribirles como amigos.

Al escribir una carta a sus versiones mayores, no dudo en utilizar palabras más grandes, compartir mis propios miedos y consejos, o describir lo que Lauren y yo estábamos pasando cuando ellos tenían cinco años y no sabían que los padres «pasaban» por algo. Les hablo de quiénes son y de quién soy yo, y me pregunto en voz alta en quiénes veo que nos convertiremos.

En las cartas, les hablo como a un amigo. Porque al final de todo, eso es lo que espero que seamos.

Lo segundo que hago en sus cumpleaños es llevarlos a desayunar, solo conmigo. En parte, es para crear un momento especial de panqueques y gofres. Pero en realidad es para darles el regalo de que se sientan acompañados en una conversación. Siempre llevo un diario y una lista de preguntas. Cuando son pequeños, les pregunto cosas como: ¿Cuál es tu comida favorita? ¿Cuál es tu juego favorito? ¿Cuál es tu historia favorita que te lee mamá? ¿Cuál es tu mejor movimiento de lucha libre? ¿Cuál es tu animal favorito? Casi todo es tonto y descriptivo; sin embargo, mientras anoto las respuestas y los miro, veo en sus ojos el placer que sentí en la mesa con mis padres, el honor de que me hicieran preguntas.

A medida que algunos de los niños han ido creciendo, las preguntas se vuelven más matizadas y profundas: ¿Qué te gusta hacer? ¿Qué te parece difícil de la vida en este momento? ¿Quién es tu mejor amigo? ¿En qué crees que eres bueno? ¿En qué quieres mejorar? ¿Cuándo te sientes nervioso? ¿Cuál es tu libro favorito? ¿Por qué cosas sueles orar? ¿En qué piensas cuando estás en la cama? ¿Qué te gustaría poder hacer y no te lo permiten?

Por sí solo, un desayuno de panqueques con un par de preguntas es una buena mañana; una idea pintoresca, en el mejor de los casos. Pero esa es la lente práctica. Cuando lo miramos a través de la lente litúrgica, esto no es solo un momento, es el comienzo de un ritmo que nos forma. A medida que buscamos otros momentos y espacios a lo largo del año, el arte de la conversación cara a cara se convierte en un hábito.

He aquí algunos de los momentos y espacios que buscamos.

El coche

He mencionado antes que una de las razones por las que no usamos pantallas en el coche de modo habitual es porque es un lugar muy propicio para la conversación. En el auto tenemos la ventaja de poder mirar por la ventana a una «tercera cosa», que a menudo es la postura de una buena conversación. Aún más, en el auto estás en un intermedio. Vienes de algo o vas a algo, y a menudo es en los momentos intermedios que nuestros cerebros y corazones procesan lo que está sucediendo en la vida. Cuando todos están en el coche, especialmente a edades tempranas, es más probable que haya caos. Pero cuando solo hay uno o dos en el coche, esos deberían ser momentos clave para estar abiertos a una posible conversación.

Temprano por la mañana y tarde por la noche

Siempre hay alguien que es el primero en levantarse y el último en acostarse. A menudo descubro que estos momentos me permiten pasar tiempo con uno de mis hijos y conectarme con él de una forma que no sería posible si hubiera otras personas alrededor. Estos momentos previos al sueño parecen espacios delicados. A veces solo estamos cansados, pero otras veces estamos especialmente disponibles. Si lo percibo, le hago una pregunta.

Terceras cosas

Al igual que en el auto, gran parte de nuestra vida de conversación ocurre cuando tenemos una tercera cosa que nos une. Es decir, hay dos personas y luego una tercera cosa que media en la interacción entre las dos. Es posible que haya algo trinitario aquí, pero lo mantendré práctico. Tocar la guitarra o rastrillar hojas, hornear pan o avivar el fuego, pescar, tejer, hacer senderismo, observar las estrellas, barrer el piso o incluso hacer mandados: hay todo tipo de actividades que son maravillosas porque mantienen a dos personas en el mismo lugar y son lo suficientemente sencillas como para permitirnos entablar una conversación real. Encuentra estas cosas, elige las que les gusten a tus hijos y utilízalas para encontrarse en una conversación.

Salidas especiales

Creo que parte de la razón por la que el momento de la cena con mis padres resultó tan especial fue porque había seis niños en mi familia y era muy raro tener un momento a solas con ellos cuando niño. Esta es una verdad ineludible: mientras más grande (y ocupada) se vuelve una familia, más difícil es tener momentos a solas de forma natural. Sin embargo, aunque encontrar estos momentos puede ser una tarea ardua, vale la pena intentarlo. Nuestros hijos necesitan esas oportunidades. Una de las formas en que lo hacemos es: si Lauren tiene que hacer un mandado un sábado y el resto nos quedamos en casa, a veces ella aprovecha el regalo de disfrutar de un tiempo a solas, pero de vez en cuando invita a un chico a ir con ella de modo que puedan tener espacio y tiempo en el auto para hablar. Otra forma es simplemente aprovechando la oportunidad de hacer en ocasiones una salida a solas con alguno por el simple gusto de hacerlo. Hace un par de meses, me llevé solo a Ash a dar un paseo en bicicleta por los senderos del río James, solo por un impulso. A mitad del camino, mientras estábamos sentados junto al agua comiendo carne seca, de repente empezó a contarme todo lo que se le había ocurrido. Todos eran pensamientos de un niño de seis años, pero nunca le había oído decir tantas cosas. A menudo es el más callado, pero no paró de hablar. Algo en una salida a solas con un padre puede desbloquear el sentimiento de que son especiales, amados y dignos de ser descubiertos, y entonces hablan. Esto es exactamente lo que buscamos en una salida especial.

2. Practicar la conversación como una forma de curar el trauma

Un sábado, estaba tocando la guitarra arriba cuando oí a Ash gritar desde la puerta trasera: «¡Papá, ven rápido! Coulter está mal herido». Supe al instante que su voz era diferente y bajé las escaleras a toda velocidad, casi tirando al suelo a Ash y a su primo Abe.

Encontré a Coulter en el patio trasero, inclinado sobre un columpio, sujetándose el brazo y gimiendo.

Su brazo chorreaba sangre. Mientras lo agarraba, le tapé los ojos para poder mirarle el brazo sin que viera la herida. Cuando la vi, supe dos cosas inmediatamente: que necesitaría unos puntos de sutura importantes, pero que se pondría bien.

La piel se cura bastante rápido —eso era un hecho para él a su edad— pero lo que no resultaba tan seguro era si su mente se curaría. Pude verlo allí de pie aturdido y asustado, traumatizado. Solo tenía tres años, pero de alguna manera se había enganchado el brazo mientras se columpiaba. Estaba solo en el patio trasero sangrando. La gente salía por la puerta gritando. Me quité la camisa, le envolví el brazo, y luego lo llevé corriendo al auto.

Era un momento de emergencia, y sabía que su joven cerebro estaba haciendo todo tipo de cambios y creando nuevas vías, estructuras que mantendría durante mucho tiempo y que le afectarían profundamente.[2] Aunque podía confiar en que los médicos cosieran la piel, sabía que dependía de nosotros, sus padres, utilizar las palabras para coser la mente.

Así que mientras lo llevaba al auto, lo miré y sonreí, diciéndole: «Te vas a poner bien, Coulter». Tenía una mirada de sorpresa y parecía confundido. «Vamos a ir al médico. Van a ser muy amables contigo y te ayudarán. Van a hacer que deje de dolerte, y entonces estaré muy orgulloso de ti y nos daremos un premio». No respondió mucho, pero se animó cuando oyó la palabra «premio».

El resto de la tarde y la noche transcurrieron más o menos así. A lo largo del día, le volví a contar a Coulter lo que había pasado y lo que iba a pasar, y pronto empezó a entenderlo.

—¿Qué pasó? —le preguntaba.

—Estaba jugando en el patio trasero y se me quedó el brazo atascado.

Las dos primeras veces que me lo contó, solo mencionarlo lo hizo estallar en lágrimas. Y nos quedábamos ahí. Pero a la cuarta o quinta vez, ya lo estaba procesando. Así que le pregunté:

—¿Y tu hermano Ash corrió a buscar ayuda de inmediato?

—Sí —respondía.

—¿Y yo salí corriendo a ayudarte de inmediato?

—Sí.

---

2. Las ideas de Adam Young en su pódcast *The Place We Find Ourselves* me han resultado muy útiles para comprender cómo nos moldean este tipo de momentos de la infancia, especialmente los traumáticos.

—¿Y corrimos a buscar a los médicos para que te ayudaran?

—Sí.

—¿Y todas estas personas te están ayudando?

A medida que íbamos repasando juntos el día, se añadían elementos de la trama a la historia.

—¿Y qué hicimos en la sala de espera?

—Leer libros.

—¿Y qué te dieron por los puntos?

—¡Un montón de pegatinas!

—¿Y qué te dijo el médico?

—Que yo era el niño más valiente.

—¿Y luego qué fuimos a comprar?

—¡Donas!

Esa noche, en el porche, con sus hermanos y primos, Coulter les contó a todos la historia de sus puntos, pero ya no era una historia sobre estar solo y herido con sangre en el patio trasero, sino una historia de familia que le ayudaba, lo llamaba valiente y celebraba con donas. Después de eso, no me sorprendió que incluso con el brazo vendado, Coulter volviera a subirse al columpio al día siguiente y sonriera cuando hablaba de sus puntos de sutura.

A través del trabajo de la conversación, la historia del trauma se había convertido en una historia de triunfo.

La conversación cura el trauma. Esto es cierto para los niños en el patio trasero, los adolescentes en medio de las dificultades de la escuela secundaria y los adultos que cargan con sus historias oscuras. El trauma, ya sea físico o emocional, nos afecta profundamente, en cuerpo y alma. Los momentos de trauma reorganizan nuestros patrones de pensamiento. A veces, estos son momentos horribles que solemos asociar con el trauma. Pero es importante saber que los momentos traumáticos también pueden ocurrir en circunstancias mucho más comunes de dolor, soledad, miedo o ira. Es importante recordar que el papel más importante de un padre no es protegerlos de estos momentos, sino identificarlos y repararlos después de que ocurran. Aquí es donde entra en juego la conversación.

En el peor de los casos, podemos pasar años, o incluso toda nuestra vida, viviendo en los patrones atrofiados que causaron el miedo o el dolor. A menos, por supuesto, que se curen. Y la mayoría de las veces, la forma en que sanamos es a través de una conversación organizada.

A veces lo llamamos asesoramiento, a veces terapia, a veces tener a alguien que escucha, a veces es arrepentimiento y perdón, pero en todos los casos, se produce a través de otro ser humano que te mirará a los ojos y te hablará de la manera correcta.

No puedes salvar a tus hijos del dolor. El trauma los encontrará tal como nos ha encontrado a nosotros. Pero uno de los grandes dones de ser padre es que les enseñamos el poder curativo de la conversación.

Podemos empezar simplemente sosteniendo una conversación con ellos y ayudándolos a hablar sobre el dolor que la vida trae inevitablemente.

3. Modelar la vulnerabilidad

Al final de mi primer año en la universidad, supe que mi vida iba por mal camino. Me había pasado todo el primer año fuera de casa rebelándome contra todo lo que me habían enseñado. Sin embargo, todo el alcohol, las chicas y las noches secretas no me estaban liberando como pensaba que lo harían; eran un peso aplastante sobre mi espalda. No era el tipo de persona que quería ser. Pero no sabía qué hacer.

Ese verano, mi padre me invitó a viajar con él. Tenía una conferencia en Toronto y me llevó con él durante dos noches. Recuerdo que en la cena del hotel la primera noche, tenía muchas ganas de confesarle lo que había estado haciendo, decirle cuánto lo sentía y cómo quería cambiar, pero no sabía cómo comenzar.

Vuelvo la vista atrás a aquella mesa del restaurante como una imagen de la condición humana. Estamos tan cerca de contar nuestros secretos, tan cerca de que nos descubran en una conversación, pero justo al borde de un momento que cambiaría nuestra vida, nos asustamos. Como Adán y Eva, nos escondemos en los arbustos.

No obstante, esa noche mi padre hizo algo. Sin previo aviso, empezó a contarme las dificultades que tuvo cuando era más joven. Sobre la forma en que luchó con las cosas que le generaban conflictos.

Él fue vulnerable. Y de repente, sentí la libertad de hacer lo mismo. Así que empecé a hablar.

Esa noche cambió mi vida. Sin exagerar. Después de confesarle todo a mi padre, de pedirle perdón por algunas cosas y de pedirle consejo y sabiduría para otras, regresé de Toronto con una carga menos. La conversación lo había cambiado todo, y volví a la universidad libre de mis cargas y libre para vivir de otra manera. Y así lo hice. Los últimos tres años de universidad fueron totalmente diferentes, y empecé a caminar con el Señor de una manera como nunca lo había hecho.

Una de las oportunidades únicas de un padre es usar la conversación para guiar a su hijo a través de sus errores. Pero la vulnerabilidad no es algo garantizado, y por lo general un niño es honesto porque un padre es honesto primero. Un niño es vulnerable porque un padre demuestra que también lo es. Un niño entabla una conversación porque un padre lo busca.

Esta es la gran carga y la bendición de la paternidad: tenemos la oportunidad y el deber de buscar a nuestros hijos y utilizar la conversación para ayudar a sanar el dolor que todos llevamos.

Los traumas y secretos pueden quemarnos desde dentro,[3] pero la conversación es lo que convierte esos fuegos destructivos de nuestra propia caída en el fuego purificador de la gracia de Dios. Y muy a menudo llega a través de la gracia de la conversación.

La escuela del amor como una escuela de la amistad

Vuelve conmigo al momento en que empezamos, con todos los niños ayudándome a encender el fuego. Más tarde esa noche,

3. Salmos 32:3, «Mientras guardé silencio, mis huesos se fueron consumiendo...».

después de que todos los chicos se fueran a la cama, mis amigos y yo nos quedamos juntos hasta tarde para hablar. Hablamos del trabajo, de los niños, de la iglesia y de política. Fuimos más profundos y compartimos las cosas con las que estábamos luchando. Nos relajamos y nos reímos unos de otros. Volvimos a contar historias que todos conocemos de memoria, pero que nos gusta escuchar de nuevo de todos modos. Al final, al hacernos un poco más amigos, todos salimos un poco más humanos. Un poco más cerca los unos de los otros, y un poco más cerca de Dios gracias a eso.

Hemos practicado esto durante años. El tipo de amistades que hacen o deshacen la vida no surgen de encuentros casuales de una noche, y no se dan por sentado, sino que se consiguen con una vida de práctica.

Los hábitos de conversación son el comienzo de esa vida, y podemos dar el regalo de la amistad enseñando esos hábitos en el hogar.

HÁBITOS DE CONVERSACIÓN
FORMANDO FAMILIAS

Idea principal

La conversación es el ritmo que convierte a la familia en amigos y a los amigos en familia. Enseñar hábitos de conversación es la forma en que comenzamos a enseñar hábitos de amistad.

Considera los momentos adecuados para las conversaciones

- Utiliza un control parental para tener en cuenta las conversaciones importantes que puede ser necesario mantener con un niño.
- Momentos potenciales para conversar:

» Paseos en auto
» Trabajos de jardinería/tareas varias/proyectos domésticos
» Viajes familiares
» Alrededor de una fogata
» Llevar a un niño a solas a comer afuera o a hacer alguna actividad especial
» Después de acostarse

Crea espacios para conversaciones

- ¿Tienes una habitación en la que los niños y los adultos se sientan cómodos?
- ¿Hay alguna habitación sin televisión?
- ¿Se guardan los teléfonos cuando están en la mesa?
- ¿Se pueden poner sillas en un porche o en el jardín?
- ¿Podría un paseo en familia ser un ritmo habitual?
- ¿Podrías encender una vela o un fuego?

«La conversación, dentro y fuera del hogar, es el arte aprendido de la amistad».

Algunas preguntas iniciales para conversaciones con niños

Sobre el día:

- ¿Cuál fue la mejor y la peor parte del día de hoy? ¿Hubo algo de lo que te hayas reído?
- ¿Alguien se metió en problemas hoy?
- ¿Alguien de tu clase no tiene un amigo?
- ¿En qué pensabas antes de quedarte dormido anoche?
- ¿Con quién te gusta sentarte en clase? ¿Con quién no quieres sentarte?

Sobre la vida:

- ¿Qué es lo que más te gusta hacer con mamá/papá/hermano/hermana/amigo?

- ¿Quién es tu mejor amigo ahora mismo? ¿Hay alguien con quien estés enfadado?
- ¿En qué crees que eres realmente bueno? ¿Y malo?
- ¿Qué es lo más valiente que has hecho?
- ¿Hay algo que quieras contarme o preguntarme?
- ¿Hay algo en el mundo que te llama la atención y pienses que otras personas no lo notan?
- ¿Sobre qué oras cuando hablas con Dios? ¿Cuándo oras?

Una nota sobre la amistad

Enseñar lo que es la conversación y la amistad como padre presupone que tú las practicas. Asegúrate de que hay espacio en tu vida para fomentar la vulnerabilidad y la conversación adulta con los amigos.

Recursos adicionales

La amistad espiritual, Aelred of Rievaulx

The Common Rule: Habits of Purpose for an Age of Distraction, Justin Whitmel Earley (capítulo sobre el hábito semanal de la conversación)

Una nota sobre la adaptación

A medida que los niños crecen, la conversación se vuelve más posible y mucho más importante. No podemos obligar a los niños a hablar, pero podemos crear ritmos de disponibilidad y modelar la vulnerabilidad.

Siempre necesitamos el recordatorio de la gracia: El amor de Dios inspira nuestras acciones, pero nuestras acciones no inspiran el amor de Dios. Nuestros hábitos familiares no cambiarán el amor de Dios por nosotros, pero el amor de Dios por nosotros debería cambiar nuestros hábitos familiares.

CAPÍTULO 10

HORA DE DORMIR

Era la una de la madrugada cuando me desperté con Shep llorando. Caminé penosamente por el pasillo, tratando de mantener la calma.

Había varias razones por las que esto era increíblemente frustrante. Tenía un año en ese momento, y no existía ninguna razón por la que no debería haber estado durmiendo toda la noche, pero aún no lo hacía. Ese otoño había tenido que viajar mucho, así que estaba llegando a ese punto en el que no solo me sentía físicamente cansado, sino que también lo estaba espiritualmente. Y para colmo de males, recuerdo que esa semana pensé que (por fin) sería la semana en la que recuperaría el sueño... pero ahí estaba.

Entré en su habitación con la esperanza de tomarlo en brazos, calmarlo y volver a dejarlo en la cuna. Pero cuando lo levanté, supe de inmediato que iba a luchar. Su cuerpo se puso rígido e intentó zafarse de mis manos.

Sesenta segundos después, me encontré levantando la voz en medio de la noche, diciendo: «¡No! ¡Ahora no! ¡No!», e intentando disciplinar a un niño de un año que no entiende nada de lo que está pasando. Cuando me oí ladrar, me di cuenta de la estupidez e inutilidad de la situación y me rendí. Lo dejé en la cuna (no con delicadeza) y le dije: «Bien, pues llora». Y regresé furioso a mi cama.

Me acosté, con la esperanza momentánea de permitirme la ficción de que podría volver a dormirme en ese momento, y mientras lo hacía, de repente tuve el tipo de claridad de pensamiento que solo se logra con la convicción del Espíritu Santo, y pensé: «Estás tratando de usar tu ira para controlarlo cuando deberías usar tu amor para consolarlo».

Esto me preocupó. Porque de lo que me di cuenta mientras estaba tumbado en la cama fue de que esto no es algo que hice una sola vez. Es algo que hago a menudo. Dicho de forma más directa, esto es lo que soy. Soy el tipo de persona que usa la ira para controlar a su familia cuando debería usar el amor para consolarla y guiarla.

Ten en cuenta que esto fue años después de mi toma de conciencia en el pasillo que dio inicio a este libro. Aquí estoy un par de años más tarde con un hijo más, y la crianza sigue siendo muy difícil. Especialmente en medio de la noche.

Me sentía como un fracasado. Pero lo que era peor, me sentía como un fracasado en repetición. A pesar de todo el trabajo que había hecho en cuanto a los hábitos y las liturgias, seguía siendo una persona enojada e impaciente.

Es importante aprovechar estos momentos porque, en la historia de Dios, llegar al límite de nosotros mismos no es una señal de fracaso, sino el comienzo de la gracia.

Fracaso y gracia en la historia de Dios

En un sentido muy real, la crianza de los hijos es un largo proceso de revelación de quién eres. Y usualmente no es bonito.

Quizás se trate de un niño de un año que no duerme. O tal vez de un preadolescente que contesta todo el tiempo, de un niño de cinco años que todavía se orina en la cama, de un niño de tercer grado que no escucha o de un niño pequeño que tiene rabietas constantes. Sea lo que sea, normalmente hay una razón fundamental por la que nos volvemos locos como padres: no podemos controlarlo. Nos gusta tener el control, y ahora no lo tenemos. Y la ira hirviente o la autocompasión paralizante que hemos pasado la vida ocultando comienza a quedar al descubierto.

Esto es importante porque lo que se está exponiendo no es tu mala reacción ante la situación: lo que se está exponiendo eres *tú mismo*. La dificultad de ser padres nos ha desgarrado y no nos gusta mucho el corazón que vemos dentro de nosotros.

Aquí hay una verdad teológica importante. La crianza de los hijos nos muestra que, al igual que nuestros hijos, somos personas cuya mayor necesidad es ser salvadas de nosotros mismos.[1] Al igual que nuestros hijos, nuestro mayor peligro es quedarnos abandonados a nuestra suerte.

La Biblia es muy directa sobre lo destrozados que estamos. La mayoría de los patriarcas de la Biblia eran unos padres bastante malos. A excepción de Jesús, todos los personajes bíblicos que conocemos son generalmente como nosotros: personas que lo echan todo a perder. Ninguno de ellos es particularmente bueno, y cuando los idolatramos, menospreciamos uno de los grandes temas de la Biblia: que todos somos pecadores fracasados que necesitamos desesperadamente la gracia.

Sin embargo, esto es solo la mitad del tema principal, y la segunda mitad es mejor. La buena noticia es que Jesús nos ama en medio de nuestros fracasos y está haciendo nuevas a las personas rotas como nosotros.

La tensión entre nuestro fracaso y la gracia de Dios es fundamental en la Biblia, por lo que debe ser fundamental en nuestra crianza.

Primero, con respecto a nuestro fracaso. Dado lo que sabemos que somos, es una tontería imaginar que una vez que tengamos hijos, maduraremos y dejaremos de ser tan pecadores. La crianza de los hijos, por sí misma, no nos hace menos egoístas. Al contrario, lo primero que hace es mostrarnos lo egoístas que somos en realidad.

---

1. Estoy en deuda por esta idea clave con el excelente libro de Paul David Tripp, *La crianza de los hijos: 14 principios del Evangelio que pueden cambiar radicalmente a tu familia*. Edición Kindle (Cd. México: Faro de Gracia, 2019).

Y, sin embargo, en nuestros fracasos, ¡abunda la gracia! Esta es otra forma de decir que justo en el momento en que nos gustaría condenarnos a nosotros mismos, Jesús está haciendo exactamente lo contrario: nos mira con compasión misericordiosa y nos llama a crecer. Esto es la gracia en acción, y nunca dejará de ser algo contradictorio para nosotros. La gracia significa que nuestros fracasos no tienen por qué hacernos retroceder; pueden hacernos avanzar. La gracia significa que nuestros errores no son oportunidades para ver lo malos que somos, sino oportunidades para ver lo bueno que es Dios. La gracia significa que, aunque la crianza de los hijos por sí sola no nos hace menos egoístas, la crianza de los hijos en manos de Dios sí lo hace, nos santifica.

Esta historia de fracaso y gracia en las Escrituras es muy útil para la crianza de los hijos. Significa que cada oportunidad de ser padre a través de la frustración y el fracaso no se trata tanto de lo que le haces a tu hijo como de lo que Dios está haciendo en ti. Cada oportunidad de criar es una oportunidad de ser criado por Jesús.

Y, en general, somos como Shep aquella noche: necesitamos que alguien nos ayude a descansar. No descansar en la cuna, sino descansar en nuestras almas. La gracia significa que, con el corazón y el alma, podemos descansar de verdad. El mundo ya no está sobre nuestros hombros (aunque la crianza de los hijos haga que parezca que siempre lo está) porque Jesús en la cruz soportó el peso del mundo por nosotros.

Esa noche, por la gracia de Jesús, me levanté, entré a su habitación y lo intenté de nuevo. Sostuve a Shep como mi Padre celestial me sostiene a mí, y en cuestión de minutos, volvió a estar tranquilo. Eso es lo que puede hacer un buen padre: calmar el alma, y eso es exactamente lo que nuestro Padre celestial puede hacer por nosotros. Enviarnos a la cama con el alma en paz.

Me doy cuenta de que necesito este recordatorio sobre todo al final del día, cuando todos estamos agotados y funcionando con las reservas. Es entonces cuando necesito liturgias del evangelio que me guíen hacia el descanso del cuerpo y el alma.

Sin embargo, al igual que todos estos hábitos del hogar, las liturgias para la hora de dormir no son soluciones para facilitar el momento de acostarse o evitar que seamos malos padres, sino ritmos que nos recuerdan que podemos descansar en la bondad de Dios. Y los necesitamos. Porque de lo contrario nos quedamos atrapados en nuestra ira, nuestro autodesprecio y nuestros fracasos. Por eso trato de repetir esta afirmación tan a menudo como puedo: nuestros hábitos no cambiarán el amor de Dios por nosotros, pero el amor de Dios por nosotros puede y debe cambiar nuestros hábitos.

Si la gracia de Dios es realmente tan buena, vale la pena crear algunos hábitos al final del día que nos ayuden a descansar en ella.

Liturgias para la hora de dormir que nos ayudan a descansar en la obra de Jesús

En una noche normal, sigo acudiendo a la bendición de amor del evangelio para la hora de dormir (que compartí con ustedes en la página 6 de este libro) con el fin de que nos ayude a recordarnos mutuamente la gracia de Dios por la noche. No obstante, muchas noches no son tan formales, y desde que empecé el hábito de una bendición a la hora de dormir, la lista empezó a crecer.

Algunas son para noches normales. Otras son para noches importantes y las uso en momentos especiales. Muchas son como una tarjeta de «salir de la cárcel» que utilizo cuando las cosas se ponen locas. Pero todas nos guían a un momento, por breve que sea, en el que reconocemos el amor de Dios por nosotros y lo invitamos a que forme nuestras vidas en ese amor y gracia.

Bendición de cosquillas

En primer lugar, lejos de ser algo santurrón, suele ser divertido. Casi la mitad de las veces que las cosas van mal o algo locas, simplemente recurro a la bendición de las cosquillas. Tiene la ventaja de hacer que se rían hasta quedarse sin aliento para que puedas decir una frase.

Una bendición con cosquillas

De repente, y con muchos retorcimientos:

Padre: Querido Señor, que este niño encuentre mucha alegría y risa, todos los días de su vida.
Niño: *Risa incontrolable, hasta que apenas pueda respirar*
Padre: Amén.

La bendición de las cosquillas también es útil cuando estás de mal humor y no paran de desobedecer. Por ejemplo, de vez en cuando estoy orando por ellos y no dejan de interrumpir, o dicen deliberadamente las palabras mal o les tiran cosas a sus hermanos.

En esos casos, la bendición de las cosquillas se convierte en una forma de cambiar de tema, pero sin enfadarse, y decir: «De acuerdo, dos pueden jugar a este juego». Luego les hago cosquillas hasta que no pueden más.

Bendiciones breves *que involucran el cuerpo*

Del mismo modo, cuando creo que solo necesitan un abrazo rápido o una risa juguetona, los aprieto o los hago rebotar. Funciona como una forma de controlar la situación y, a menudo, convierte el mal comportamiento en risa, lo cual en la mayoría de las noches es mejor que la disciplina.

Una bendición con rebotes

Mientras hago rebotar al niño en la cama, y trato de conseguir tantas risitas y caídas como sea posible:

Padre: Querido Señor, que este niño rebote de bendición en bendición, todos los días de su vida.
Niño: *Rebotando y riendo*
Padre: Amén.

En general, estas bendiciones me recuerdan que mientras más físico seas, más pueden querer acompañarte los niños pequeños. Piensa en la forma en que puedes captar la atención de un niño de un año preguntándole dónde está su nariz. La vida es física, y los niños lo entienden. Creo que la mejor manera de saludar a mis sobrinas es con un fuerte abrazo y una sonrisa, y la mejor manera de saludar a mis sobrinos es con una risa y un empujón. En general, hay algo en lo físico que atrae nuestra mente.

Por eso, empecé una bendición que hace un seguimiento de su cuerpo. Me gusta porque mientras se involucran con el aspecto corporal, esto tiene un tono más serio y a menudo los lleva a hacer preguntas sobre algo que dije.

Suele ser algo así:

Una bendición para el cuerpo de un niño mientras está acostado en la cama

A medida que avanza la oración, muevo las manos para tocar cada parte del cuerpo:

Jesús, bendice sus pies, que lleven buenas noticias.
Bendice sus piernas, que sigan adelante en tiempos de sufrimiento.
Bendice sus espaldas, que sean lo suficientemente fuertes para soportar las cargas de los demás.
Bendice sus brazos para sostener a los solitarios, **y sus manos** para hacer buenas obras.
Bendice sus cuellos, para que vuelvan sus cabezas hacia los pobres.
Bendice sus oídos para discernir la verdad, **sus ojos** para ver la belleza y **sus bocas** para hablar palabras de aliento.
Bendice sus mentes, para que crezcan sabios.

Y finalmente, bendice sus corazones, para que crezcan amándote a ti, y a todo lo que has creado, en el orden correcto.
Amén.

Las liturgias como formas de dejar que la luz brille

No es raro que haya amigos en casa cuando los niños se duermen. De vez en cuando, mis amigos suben a dar las buenas noches o tal vez participan en la rutina de la hora de acostarse.

Una vez, mi amigo Matt estaba escuchando nuestra bendición para el cuerpo y dijo: «Ojalá Chris pudiera estar aquí. Creo que entendería mejor por qué creemos en Dios».

Chris (un nombre ficticio) es su amigo íntimo que no es cristiano.

Esto se me quedó grabado, porque sentí que Matt estaba diciendo: «Si pudieran asomarse a nuestras casas y ver que realmente creemos en estas cosas, y que no es por aparentar, sino por amor. Si solo pudieran ver que es importante para nuestros hijos, tal vez estarían abiertos a Dios».

No sé si es cierto, pero espero que lo sea.

Quiero rutinas que hagan agujeros en el techo de la vida para que la luz de lo divino pueda brillar. Ya se trate de nuestros invitados, nuestros hijos o nosotros mismos, todos necesitamos que se nos recuerde que la historia que estamos viviendo es real e importante para nuestros momentos cotidianos.

Ningún hábito, bendición, oración o conversación va a cambiar mágicamente tu vida o tu relación con Dios. Eso depende (¡gracias a Dios!) de la regeneración divina del Espíritu Santo (que nos da paz), pero lo que hacen estos hábitos del hogar es darles a nuestros hijos una ventana a lo que queremos decir cuando hablamos de fe.

Les estamos dando anclas emocionales a las que pueden acudir después que (como seguramente lo harán) se adentren en las aguas de su propio corazón. Les estamos proporcionando palabras y rituales que pueden recordar como una reliquia familiar e implementar cuando inevitablemente se encuentren con las palabras y rituales confusos y contradictorios del mundo.

Espero que algún día alguien les pregunte a mis hijos cómo resumir el mensaje de Jesús, y que recuerden la hora de acostarse y digan: «Bueno, supongo que es algo así como que Jesús nos ama, sin importar las cosas buenas o malas que hagamos». Esa sería una buena forma de expresarlo, por eso me esfuerzo en recitarlo noche tras noche.

Espero que algún día, cuando sufran, en lugar de sorprenderse de que la vida es dura, recuerden la hora de acostarse y oren: «Señor, haz que mis piernas sean fuertes para seguir adelante en este momento de sufrimiento».

Espero que algún día, cuando sus hijos pequeños les den los berrinches que me daban a mí, recuerden que pueden hacerles cosquillas y reírse en lugar de enfadarse y gritar. Y espero que reboten de bendición en bendición todos los días, que es por lo que oro tan a menudo.

La oración, después de todo, cambia las cosas. Especialmente a nosotros.

Guiar tu propio corazón a través de las oraciones por tus hijos

Volvamos al pequeño Shep. Un año después de la experiencia que me llevó a mi punto más bajo, Shep por fin dormía toda la noche, pero seguía siendo una fiera.

Incluso ahora, mientras escribo, es un niño único. Tiene mi piel morena, mientras que el resto de nuestros hijos tienen la piel clara de mi esposa. Su pelo es castaño, aunque los demás son rubios oscuros. Es el más pequeño, pero su estado de ánimo dicta el estado de ánimo de la habitación. Nunca será dejado a un lado, jamás.

La hora de acostarse con él suele ser tan difícil y ruidosa que, aunque sentía que tenía que orar por Shep, debía ser rápido. *Muy rápido.*

Así que empecé a hacer algo muy corto. Era algo como esto:

UNA BREVE BENDICIÓN PARA LOS PEQUEÑOS

"Quizás con un abrazo y una mano en su cabeza"

Padre: Dios te ama. Jesús murió por ti. Y el Espíritu Santo está contigo. Buenas noches.

Las oraciones repetitivas con los niños siempre están sujetas a la improvisación física. En las noches en las que estamos alegres, acompaño cada frase con un beso grande y cosquilloso.

«Sheppard, Dios te ama». Ataque con beso. «Y Jesús murió por ti». Ataque con beso. Y así sucesivamente. Otras noches termino con: «Y mamá y papá también te quieren».

No obstante, justo cuando estoy tentado a pensar que estas oraciones cortas y repetitivas no importan, sucede algo y hacen estallar mi corazón. Como la otra noche con Shep.

Hace apenas unas semanas lo estaba acostando después de una noche particularmente difícil. Esa noche, casi parecíamos una familia normal —los niños ayudaron a limpiar la mesa y todos intentamos jugar a las cartas después—, pero Shep estuvo correteando como un ladrón toda la noche, sacando las tazas del lavavajillas que acabábamos de llenar, pateando montones de basura, y (esto es nuevo en él) abriendo el cajón del congelador para agarrar un cubito de hielo y deslizarlo por el suelo.

Era una de esas noches en las que piensas: «Este niño está intentando deliberadamente inventar nuevas formas de enfurecerme».

Al final, empezó a destrozar las cartas con las que jugaban los niños en la mesa, así que lo cogí por encima del hombro y lo llevé a la cama una hora antes: pataleaba y se retorcía, gritando: «¡Da la vuelta! ¡Da la vuelta!». (Esta es su forma de niño pequeño de suplicar otra oportunidad). Casi me sentí mal por él, pero estaba claramente agotado, y yo también lo estaba. Como de costumbre, me sentía enfadado.

Me costaba creer que de alguna manera estuviera intentando arruinar nuestra familia, estropearlo todo, que él mismo era el problema, y que si no fuera por él... Ya me entiendes. Lo veía de forma opuesta a como Jesús lo ve a él, y a mí.

Cuando lo acosté en su cuna, no quería orar por él en absoluto. Pero los hábitos son cosas poderosas, y comencé a orar, casi sin querer.

Empecé: «Sheppard, Dios te ama».

Hice una pausa al pronunciar esas palabras tan sorprendentes, y sentí un nudo en la garganta.

Las digo todas las noches. Todas. ¿Por qué la emoción en ese momento? ¿Qué había cambiado? No lo sabía, pero sí sé que las oraciones guían el corazón. Y de repente, la idea radical volvió a mi mente. *Dios ama a Sheppard.* ¡Incluso ahora! Más que yo. Él lo adora, incluso ahora en esta etapa. Dios no se distrae de la «imagen divina» de Shep. Dios no reduce a Shep a su desafiante corazón de niño pequeño. Él ve la plenitud de todo lo que creó y todo lo que redimirá. Dios es el Padre que lo ama, y ahora lo comprendo, tal como es.

Así que miré a Shep y añadí: «Dios te ama tal como eres, así que prometo intentar hacer lo mismo».

Después continué. «Y Jesús murió por ti», y de repente esa parte también me impactó. Jesús es el padre sacrificado, que renuncia a todo para que sus hijos puedan tenerlo todo, así que miré a Shep y añadí: «Y yo prometo sacrificar lo que sea necesario para quererte también».

Esa fue mi versión de arrepentimiento aquella noche.

Y luego concluí: «Y al igual que el Espíritu Santo siempre está contigo, yo nunca te dejaré».

Como puede suceder con un niño acurrucado en la cama, de repente el mundo se suaviza, llevándose tu corazón con él. Shep me miró, y sabiendo el final de la oración, murmuró a través de su chupete: «Mamá también». Ahí estaba él, un niño pequeño rebelde, pero completamente seguro de que Dios, papá y mamá lo quieren. Quizás estamos haciendo algo bien.

«Así es», dije. «Mamá también te quiere, tal como eres, y ella tampoco te dejará nunca».

Bajé las escaleras con las lágrimas que necesitaba en los ojos. Mis otros hijos estaban esperando en la mesa para reanudar el juego de cartas, pero todavía estaba pensando en las promesas que acababa de hacerle a Shep: que sin importar la situación de la familia, sin importar la etapa en la que estén mis hijos, tengo una alianza con ellos porque Dios tiene una alianza con ellos. Y si Dios los ama tal como son, entonces yo también lo haré. Y si Jesús lo dio todo por ellos, entonces yo también puedo sacrificarme. Y si el Espíritu Santo está con nosotros, entonces yo tampoco me iré nunca.

Jamás pensé en nada de eso cuando empecé a hacer una breve oración por Shep. Pero Dios sí lo hizo. Y la oración sencilla y memorizada estaba ahí. Unas palabras en la boca para guiar a mi propio corazón de niño rebelde, justo cuando lo necesitaba.

Y eso es lo que hacen los buenos hábitos. Dios los utiliza para guiar nuestros corazones fuera de nuestros propios fracasos y hacia su gracia, una y otra vez.

Idea principal

La hora de dormir es un momento, para padres e hijos, de reconocer que al final del día, Dios nos ama. No importan nuestros fracasos, podemos descansar en la gracia. Las liturgias de la hora de dormir utilizan oraciones comunes para encontrar palabras (y acciones) que incorporen las verdades del evangelio a nuestras rutinas, especialmente en los momentos del día en que estamos cansados y es más probable que las necesitemos.

Una bendición de amor del evangelio para la hora de dormir

Dicho tal vez con una mano en la cara o la cabeza de tu hijo.

Padre: ¿Ves mis ojos?
Hijo: Sí.
Padre: ¿Ves que veo tus ojos?
Hijo: Sí.
Padre: ¿Sabes que te quiero?
Hijo: Sí.
Padre: ¿Sabes que te quiero sin importar las cosas malas que hagas?
Niño: Sí.
Padre: ¿Sabes que te quiero sin importar las cosas buenas que hagas?
Niño: Sí.
Padre: ¿Quién más te quiere así?
Niño: Dios.
Padre: ¿Incluso más que yo?
Niño: Sí.
Padre: Descansa en ese amor.

Una bendición con cosquillas

De repente, y con muchos retorcimientos.

Padre: Querido Señor, que este niño encuentre mucha alegría y risas, todos los días de su vida.
Niño: *Risa incontrolable, hasta que apenas pueda respirar*
Padre: Amén.

Una bendición con rebotes

Mientras haces rebotar al niño en la cama, y tratas de conseguir tantas risitas y caídas como sea posible.

Padre: Querido Señor, que este niño rebote de bendición en bendición, todos los días de su vida.
Niño: *Rebotando y riendo*
Padre: Amén.

Una bendición de abrazo

Durante un abrazo muy grande y fuerte.

Padre: Querido Señor, que este niño sienta tu amor envolviéndolo, todos los días de su vida.
Niño: *Lucha por liberarse y, con suerte, se ríe*
Padre: Amén.

> *«En la historia de Dios, llegar al límite de nosotros mismos no es una señal de fracaso, sino el comienzo de la gracia».*

Una bendición para el cuerpo de un niño mientras está acostado en la cama

A medida que avanza la oración, mueve las manos para tocar cada parte del cuerpo.

Jesús, bendice sus pies, que lleven buenas noticias.
Bendice sus piernas, que sigan adelante en tiempos de sufrimiento.
Bendice sus espaldas, que sean lo suficientemente fuertes para soportar las cargas de los demás.

Bendice sus brazos para sostener a los solitarios, **y sus manos** para hacer buenas obras.
Bendice sus cuellos, para que vuelvan sus cabezas hacia los pobres.
Bendice sus oídos para discernir la verdad, **sus ojos** para ver la belleza y **sus bocas para** hablar palabras de aliento.
Bendice sus mentes, para que crezcan sabios.

Y finalmente, bendice sus corazones, para que crezcan amándote a ti, y a todo lo que has creado, en el orden correcto. **Amén.**

Una breve bendición para los pequeños cuando están frustrados

Padre: Dios te ama. Jesús murió por ti. Y el Espíritu Santo está contigo. Buenas noches.

Haz una pausa para respirar profundamente y dar una suave caricia.

Padre: Así que yo también te amaré. Yo también me sacrificaré por ti. Y yo tampoco te dejaré nunca.

Una oración nocturna de los padres

Se ora justo antes de que los padres se vayan a dormir, ya sea junto a la cama del niño dormido o, si tiene sueño ligero, con la palma de la mano abierta hacia o contra la puerta del niño que está durmiendo.

«Señor, ayúdame. Que yo sea guiado por tu gracia y, a su vez, le des lo mismo. Amén».

Una nota sobre la adaptación

A medida que los niños crecen, una bendición con cosquillas puede resultar más embarazosa que cariñosa. Sigo orando por mi hijo mayor antes de que se vaya a la cama, aunque ahora le pongo la mano en la cabeza y lo miro a los ojos. Las palabras intencionales todavía importan.

Siempre necesitamos el recordatorio de la gracia: El amor de Dios inspira nuestras acciones, pero nuestras acciones no inspiran el amor de Dios. Nuestros hábitos familiares no cambiarán el amor de Dios por nosotros, pero el amor de Dios por nosotros debería cambiar nuestros hábitos familiares.

EPÍLOGO

LA CRIANZA DE LOS HIJOS ENTRE EL AHORA Y EL TODAVÍA NO

Recuerdo el día en que me di cuenta de que mis hijos envejecerían.

Iba de camino a una reunión y me detuve en una cafetería para terminar una tarea del trabajo. Acababa de enviar el correo electrónico que necesitaba mandarle a un cliente, así que mi mente se sintió libre por un momento.

«¿Cuántos años tendrá Whit cuando yo tenga cincuenta?».

La pregunta apareció en mi cabeza de la nada. Si estuviera en una película, se habría escuchado un ligero aumento en la música de fondo. Había terminado mi trabajo, así que me planteé la pregunta e hice los cálculos (lo cual no es poca cosa para un abogado como yo). Pensé que tendría unos veintitrés años.

«¿Y Ash?».

«Bueno», pensé, «supongo que vamos a hacer todas las cuentas». Pero de ninguna manera iba a hacer más sumas y restas en mi cabeza.

A menudo encuentro momentos de creatividad inesperados a lo largo de la jornada laboral, así que siempre tengo un cuaderno junto a mi ordenador portátil. Normalmente lo uso como alfombrilla del ratón, pero ahora lo abrí y empecé a garabatear.

Aquí la banda sonora habría tomado el control. Porque algo estaba sucediendo.

En la primera columna, anoté las edades de Lauren y mías durante los próximos veinticinco años. Luego, al lado, anoté las edades correspondientes de Whit. Luego, las de Asher, Coulter y Shep.

De repente, la música se detuvo. Dejé el bolígrafo y me quedé mirando la página.

Era como si todas nuestras vidas se condensaran en un solo momento. Vi visiones de mis hijos como adolescentes y jóvenes, y como nuevos maridos y padres orgullosos. Los vi entrando por la puerta de nuestra casa, inclinándose para abrazar a Lauren. Vi un momento en el que yo sería frágil y ellos fuertes, y me tomarían de la mano, en lugar de ser al revés.

Vi todo esto a la vez y sentí el peso de una de mis líneas favoritas de la poesía de T. S. Eliot que habla de «una vida ardiendo en cada momento».[1]

Tuve un momento de visión en el que el «ahora» se entremezclaba con el «todavía no».

La figura 3 es una foto de mi diario ese día.

Como seguramente saben, estos momentos son poco frecuentes para los padres en plena etapa de crianza de los hijos. Estás cansado, rodeado de pañales, lavado de ropa y plazos de entrega, y luego están los entrenamientos deportivos, las actividades extraescolares y las recogidas después de la escuela. Te preocupa ganar suficiente dinero, pagar la universidad, el mundo que van a encontrar cuando salgan de casa y el mundo que la tecnología está trayendo a casa. La lista continúa.

Por supuesto, a menudo pensamos: «¡Están creciendo tan rápido!». Pero si eres como yo, entonces piensas con la misma frecuencia: «¡Criar a los hijos parece que lleva una eternidad!».

Puede ser difícil sacar nuestras mentes cansadas de la niebla del presente. La mayoría de los días, nuestra visión de la vida es muy miope. Se centra en la próxima hora; en el mejor de los casos, en el día siguiente. Pero no mucho más.

---

1. T. S. Eliot, *«East Coker», Cuatro cuartetos* (Madrid: Alianza Editorial, 2017).

Figura 3

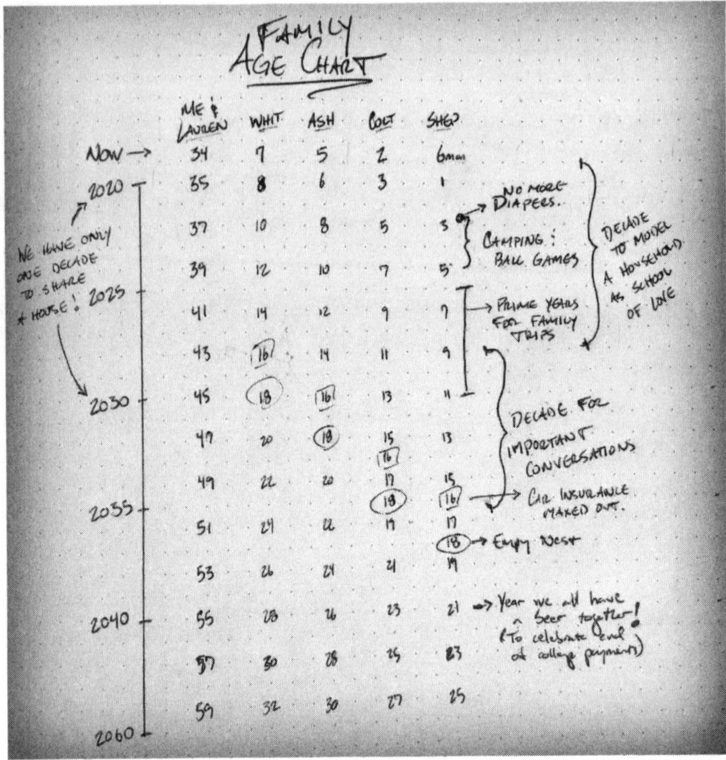

Mantenemos la cabeza baja porque, después de todo, alguien tiene que hacerlo. Eso es lo que se necesita para que todo esto siga adelante.

Y es precisamente por eso que necesitamos con tanta urgencia este tipo de momentos de visión.

Proverbios dice que «donde no hay visión, el pueblo se extravía».[2] Dicho de otro modo, para mantener vivos nuestros corazones, necesitamos ver el futuro. Necesitamos sentir asombro por lo que todavía no es. Porque cuando solo podemos ver el presente, algo dentro de nosotros comienza a marchitarse.

2. Proverbios 29:18.

En la cafetería, mirando fijamente mi gráfico sobre las edades con la banda sonora imaginaria sonando a mi alrededor, experimenté uno de esos raros momentos en los que pude tener una visión del futuro. Pero no me dio miedo, como si el tiempo se estuviera acabando.

Simplemente sentí la poderosa sensación de que nuestro tiempo juntos no era para siempre. Era limitado y por eso más valioso. Sentí que el Señor me decía: «Ahora es el momento que te he dado para formarlos».

Eso me recordó que hoy tengo la oportunidad única de ayudarlos a convertirse en quienes serán.

La crianza en tensión

En la historia de Dios, estamos destinados a vivir en la tensión del ahora y el todavía no. Esto es tan difícil como hermoso.

En la historia del mundo, nos encontramos en un momento curioso. Una gran verdad es que el mundo está caído, pero la otra gran promesa es que Dios está haciendo nuevas todas las cosas en Jesús. Y aquí estamos nosotros, en un día normal, criando a nuestros hijos bajo la tensión cósmica de esa dolorosa y gloriosa verdad. No es de extrañar que sintamos que algo anda mal.

Empecemos entonces sinceramente con el dolor. Este es el ahora. Y en el ahora, la vida es dura. El sufrimiento es la norma. La verdad es que, por morboso que pueda parecer, todos estamos muriendo lentamente. Ser padres en el ahora significa que todos nuestros sueños no valen mucho. Teníamos tantas esperanzas de tener hijos, y ahora parece más trabajo que amor. Más agotamiento que satisfacción. El matrimonio es difícil, el trabajo es difícil, la vida es difícil. Nuestros cuerpos están cambiando, envejeciendo y empezando a romperse. Encontrar tiempo para estar con los amigos ya no es fácil. En el mejor de los casos, nos sentimos cansados. En el peor, nos sentimos atrapados. En el medio, nos sentimos solos. Y lo más probable es que nos sintamos mal por nuestra paternidad. Nos enfadamos con nuestros hijos, les gritamos, no queremos hacer esto nunca más. Nos esforzamos mucho, pero desobedecen, se rebelan, se alejan.

No se trata solo de ti, sino también de mí. Esto nos sucede a todos. Así es ser padre en el ahora.

No obstante, una de las cosas que debes saber sobre el ahora es esta: el hecho mismo de tu descontento es una señal de que estabas destinado a otra cosa. Piénsalo un momento. Deseamos un mundo diferente porque fuimos hechos para un mundo diferente.[3] Esta es una lucha exclusivamente humana. Una mamá osa puede estar agotada de buscar comida para sus pequeños, pero después de que todos hayan comido, la mamá osa no experimenta angustia existencial sobre lo que todo esto significa. Simplemente se va a dormir con el estómago lleno.[4]

Sin embargo, no nosotros los seres humanos. No nosotros los portadores de la imagen caída. Sabemos que la vida es algo más que sobrevivir; anhelamos algo más, aunque no estemos seguros de qué es. Anhelamos un amor que nunca hemos tenido, pero que de alguna manera intuimos que es posible. Anhelamos un *todavía no*.

Y esto es lo hermoso. El *todavía no* está llegando. Este es el mundo hecho de nuevo. Este es el mundo en el que ya no te preocupas por las alergias o las discapacidades de aprendizaje de tus hijos, porque ahora están mejor. Tus padres ya no se están muriendo. Están aquí contigo. En el todavía no, no siempre estás en desacuerdo con tu cónyuge. Tu trabajo tiene sentido, y lo sabes. Tu cuerpo funciona bien, la amistad es posible y no estás solo. Este es el tipo de cosas que serán ciertas en el reino venidero.

Cuando los cristianos decimos que Dios está haciendo nuevas *todas las* cosas, esto es lo que queremos decir. Que en la cruz

---

3. C. S. Lewis, *Mero Cristianismo* (Nueva York: HarperOne, 2006): «Si encuentro en mí un deseo que ninguna experiencia en este mundo puede satisfacer, la explicación más probable es que fui hecho para otro mundo».

4. Para más información sobre esta idea, véase el discurso de Bertrand Russell al recibir el Premio Nobel, «¿Qué deseos son políticamente importantes?», pronunciado el 11 de diciembre de 1950.

Jesús soportó el peso final de la caída, para que nosotros ya no tengamos que hacerlo. Y cuando resucitó, aseguró la resurrección como la nueva realidad. Ahora, promete que cuando vuelva, lo hará para hacer nuevas todas las cosas.[5] Ese es el mundo que estamos esperando. Ese es el mundo al que estamos destinados.

Pero en cuanto a hoy, vivir entre el ahora y el todavía no significa que estas dos cosas están mezcladas. Y aunque debemos ser firmemente sinceros sobre las dificultades del ahora, también debemos estar firmemente comprometidos a vivir a la luz del todavía no.

Así que el llamado de los padres cristianos es a levantar nuestros ojos por encima de la niebla del *ahora* y dejar que la promesa del *todavía no* forme nuestra paternidad hoy.

Esto significa reconocer que el matrimonio es difícil, pero luchar de todos modos por el amor de pacto. Esto significa admitir que la tecnología es una preocupación seria, pero trabajar para ponerle límites significativos. Esto significa saber que los niños siempre necesitarán ser disciplinados, pero comprometerse a un discipulado amoroso. Esto significa aceptar el hecho de que la vida con niños es un desastre, pero las comidas, los juegos y las devociones familiares valen la pena de todos modos.

Esto significa admitir que hacer cualquier cosa importante es realmente difícil y suele estar marcado por el fracaso —como por ejemplo, practicar una regla de vida para los hábitos del hogar—, pero estar convencido de que vale la pena intentarlo de todas maneras.

Tratar de vivir en el *todavía no* a pesar del *ahora* es un acto de fe. Y eso es lo que los padres cristianos transmiten a sus hijos: la fe.

La buena teología siempre debe terminar en buenas prácticas. Y si se supone que debemos basarnos en visiones del todavía no para orientar nuestra vida espiritual actual, entonces debemos considerar prácticas que nos ayuden a hacerlo de manera habitual.

5. Apocalipsis 21:5.

Practica ver el ahora a la luz del todavía no

Ahora guardo la tabla de edades en un diario que llevo conmigo, porque quiero que me recuerde habitualmente que debo trabajar en retrospectiva, desde una visión del todavía no hasta los hábitos del ahora.

Hay muchas maneras de hacerlo. Para ti, esto podría ser tomándote el tiempo para escribir tus valores familiares o acordando un lema familiar. Conozco a muchos amigos que se han beneficiado mucho de dedicar tiempo y espacio a pensar en los cinco valores principales de su familia o a crear un lema familiar al que todos se aferran. Quizás esto podría ser haciendo una lista de propósitos, de unas cinco cosas que tu familia se compromete a hacer a largo plazo.

Sea lo que sea, este tipo de prácticas nos recuerdan la gloria de lo que estamos llamados a hacer en la crianza de los hijos, pero lo que es aún más importante, también nos desafían a actuar en esa gloria hoy. Después de todo, ahora es el único momento en el que podemos actuar. ¿Alguna vez has pensado en eso?

No puedes cambiar en el futuro. Solo puedes cambiar en el presente, porque el presente es el único momento al que tienes acceso. Es el único momento en el que podemos actuar.

No puedes empezar a pasar más tiempo con tu familia la semana que viene; solo puedes hacerlo esta semana, porque cuando quieras hacerlo, siempre será *esta* semana. Del mismo modo, no puedes decirle a tu hija que lo sientes mañana; solo puedes hacerlo hoy. No puedes empezar a buscar momentos para hacerle preguntas importantes a tu esposa el mes que viene; solo puedes hacerlo este mes. No puedes empezar a llegar a tiempo al entrenamiento de pelota de tu hijo la próxima vez; solo puedes hacerlo esta vez. Siempre que cambiemos, será en tiempo presente.

Así que debemos practicar imaginar el todavía no de una manera que nos llame a cambiar en el ahora. Escribir un cuadro de edades es una de esas prácticas. En el espíritu de que ahora es el momento para el cambio, inténtalo conmigo. Prometo que solo te llevará unos minutos, pero que te proporcionará varios años de revelaciones.

1. Utilizando el cuadro de edad familiar en blanco de la figura 4,[6] escribe tu edad y la de tu cónyuge en la primera columna.
2. En el espacio junto a tu columna, escribe las edades de cada uno de tus hijos.
3. Ahora, en el espacio a la derecha del gráfico, menciona algunos períodos. ¿Cuándo estarán todos bajo el mismo techo? ¿Cuándo estarán en la etapa de la adolescencia? ¿Cuándo será el mejor momento para hacer viajes? ¿Cuándo necesitarán estar más disponibles para conversar?
4. A continuación, a la luz de lo que veas, en la parte inferior del gráfico escribe dos o tres cosas que quieres que sean ciertas con respecto a tu familia. Este es un espacio para soñar. ¿Qué tipo de familia te está llamando Dios a ser?
5. Por último, a la derecha de cada sueño, escribe un hábito correspondiente. Recuerda que los hábitos son acciones pequeñas, concretas y repetitivas. Pero los pequeños hábitos pueden construir nuevas y enormes realidades. Tal vez quieras utilizar algunos de los hábitos de este libro, o tal vez tengas tus propias ideas. En cualquier caso, escribe algunas de las cosas que harías cada día o cada semana para vivir según esta visión del futuro.
6. Ahora, ora. Lo ideal sería hacerlo con tu pareja o enseñarle esto a tu pareja y orar juntos. Quizás lo uses para hacer un seguimiento de la crianza de los hijos en una noche de cita. Hagas lo que hagas, no dejes esta página aislada en este libro. Arráncala o hazle una foto. Imprime una copia y guárdala en tu escritorio o pégala en la nevera.

---

6. O si prefieres, puedes encontrar esta plantilla en línea en https://www.habitsofthehousehold.com/familyagechart.

FIGURA 4. CUADRO DE EDADES PARA LA FAMILIA

Año	Tu edad	Edad de los niños	Períodos

Realidades futuras → Hábitos para hoy

Alguien que nos amó para amar

Entender que criamos a nuestros hijos en la tensión entre el ahora y el todavía no nos recuerda que la formación es un juego largo. No ocurre de la noche a la mañana. El ahora significa que nuestros esfuerzos en el presente están mucho más marcados por el fracaso que por el éxito. Pero a la luz del todavía no, podemos descansar seguros de que eso está bien y que la lucha por la formación merece la pena.

Esto nos recuerda que, por importantes que sean los hábitos del hogar, nuestra motivación no es lo que podemos lograr a través de ellos en el ahora. Nuestra motivación es lo que Dios logrará en el todavía no.

Veo esto en mi propia historia.

De joven, recuerdo que la mayoría de los días me despertaba y subía las escaleras para encontrar a mi padre leyendo la Biblia en su estudio. Cuando imagino una mañana en mi casa, lo imagino allí, con su lámpara de escritorio encendida y su gran Biblia de cuero abierta frente a él, donde anotaba cosas en el margen.

Veintitantos años después, esa Biblia ahora está en mi escritorio. Me la dio en algún momento durante la universidad. Hace un par de años, mientras escribía mi primer libro, *The Common Rule*,[7] estaba refiriéndome al hábito de leer las Escrituras y recordé a mi padre en su estudio.

Por curiosidad, abrí su gran Biblia de cuero y llegué a Colosenses, donde había una serie de fechas escritas a lo largo de la página. Junto al capítulo 1 estaba escrito «7 de enero de 2002». Junto al capítulo 2 estaba escrito «8 de enero de 2002», y así sucesivamente.

Lo primero que me llamó la atención fue que estas mañanas que pasó en Colosenses tuvieron lugar en los días posteriores a su derrota en las elecciones para gobernador de Virginia. Nunca

---

7. Cuento una versión de esta historia en el capítulo 4 de *The Common Rule: Habits of Purpose for an Age of Distraction*.

olvidaré lo esperanzado que estaba de que ganara y lo destrozado que me sentí cuando no lo hizo. Pero tampoco olvidaré lo firme que se mantuvo durante todo el proceso. La mañana después de su derrota en noviembre, recuerdo que tenía panqueques preparados para nosotros cuando nos despertamos y nos contaba lo que había leído en la Biblia esa mañana.

Solo años después me daría cuenta de que probablemente la razón de que mi padre fuera capaz de mantener una identidad tan firme durante esas temporadas políticas de altibajos fue que su carrera no lo definía, sino el amor de su Padre celestial. No creo que necesitara buscar amor en el mundo porque sabía quién era en el amor de Dios. Estoy seguro de que vislumbrar el amor de ese Padre cada mañana en las Escrituras lo ayudó con eso, lo cual es una de las razones por las que no puedo dejar de escribir sobre el tema.

Pero la segunda cosa que noté fue aún más significativa. Escrito junto a todas esas fechas en Colosenses había algo más: mi nombre.

En aquel entonces estaba en el último año de la escuela secundaria y ya estaba viviendo esos años de los que te hablé antes, con muchos errores y muchos secretos. Me encontraba en plena rebelión. Era una época en la que realmente creía que podía guiar mi vida mejor que mi padre, Jesús o cualquier otra persona.

Estoy seguro de que esto les causó no poco dolor a mi madre y a mi padre. Después de todos esos años de trabajo y formación, yo lo estaba tirando todo por la borda. A menudo pienso en cómo la postura evangélica de un padre es exponerse a que sus hijos lo lastimen, mientras que se compromete a amarlos de todos modos. Al fin y al cabo, eso es lo que Jesús hizo por nosotros.

Por decirlo suavemente, en aquel momento no estaba muy abierto a la forma de crianza de mi padre. Y, sin embargo, recuerdo que fue durante esa época cuando mi padre me invitaba amablemente, una y otra vez, a levantarme temprano con él y leer la Biblia.

A veces decía que no y me quedaba dormido. A veces decía que sí. A veces me quedaba dormido durante nuestras lecturas y oraciones.

Para ser sincero, no recuerdo ni un solo versículo que leyéramos. No recuerdo ni una sola oración que oráramos. Pero te diré lo que sí recuerdo. Lo que recuerdo fue la sensación de que tenía un padre que me amaba cuando yo era el más indigno de ser amado. Lo que recuerdo fue estar sentado a su lado leyendo sobre un Dios que nos ama y un Dios cuyo amor nos hace merecedores de ser amados.

Dos años después, finalmente tuve la conversación con él en Toronto que comenzó a cambiar mi vida. Durante esa temporada, cuando por fin me convencí de que no me gustaba en lo que me estaba convirtiendo, no pude evitar pensar en quién era mi padre. Pensé en él como alguien que se estaba volviendo más como Jesús. Y al final, después de probar mi propio camino y fracasar miserablemente, eso era lo que yo quería ser también.

«Sigan mi ejemplo, así como yo sigo el de Cristo», escribió Pablo.[8] Al final, seguí a Jesús siguiendo a mi padre.

Hay una hermosa tensión aquí. En el análisis final, no somos nosotros ni nuestros hábitos los que forman a nuestros hijos: es la gracia de Jesús. Él es quien camina con ellos en sus mejores y peores días. Tal como lo ha hecho por nosotros. Eso es un gran alivio para nosotros los padres.

Y, sin embargo, Jesús nos usa. Y también usa nuestros hábitos. Usa lo que somos para formar lo que serán nuestros hijos. Y eso no es una carga, es una bendición, porque significa que nuestras acciones importan. No tenemos que soportar el peso de ser finalmente responsables de quiénes son nuestros hijos. Pero podemos llevar la alegría de que lo que hacemos tiene significado. No se pierde, y Dios lo usará.

El papel final de un padre es simplemente ser alguien que se mantiene mirando a Jesús. Mientras lo haces, tus hijos te mirarán

8. 1 Corintios 11:1 (NBV).

a ti. Entonces solo señala y sonríe, diciendo: «Miren, ahí está el Padre que nos ama. Seamos como Él».

Empecé este libro afirmando que nos convertimos en nuestros hábitos y nuestros hijos se convierten en nosotros, por lo que debemos preocuparnos por los hábitos del hogar. Espero que ahora veas que toda la idea se basa en que miremos a Jesús. Al hacerlo, nos volvemos como Él, y nuestros hijos se vuelven como nosotros, y en esta conexión de imitaciones santas, todos lo seguimos juntos.

En los últimos años de su vida, Fred Rogers pronunció un discurso de graduación en el que nos recordó que todos aprendemos las cosas más importantes por imitación: «Desde que eras muy pequeño, has tenido personas que te han sonreído para que sonrías, personas que te han hablado para que hables, te han cantado para que cantes, te han amado para que ames».

Y es cierto, por supuesto. Para todos nosotros, alguien lo ha hecho. Su nombre es Jesús. Y la idea de cultivar hábitos del hogar no es más que cultivar ritmos de mirar al Dios que siempre nos está mirando.

Él es quien nos sonríe para que sonriamos y nos ama para que amemos.